NomosPraxis

Rechtsanwalt Dr. Niki Ruge
Fachanwalt für Miet- und Wohnungseigentumsrecht
Buchholz

Rechtsanwalt Dr. Marco Tyarks
Hamburg

Das neue Wohnungseigentumsrecht

Zitiervorschlag: Ruge/Tyarks WEG § 1 Rn. 1

Die Deutsche Nationalbibliothek verzeichnet diese Publikation in der Deutschen Nationalbibliografie; detaillierte bibliografische Daten sind im Internet über http://dnb.d-nb.de abrufbar.

ISBN 978-3-8487-7657-3

1. Auflage 2021
© Nomos Verlagsgesellschaft, Baden-Baden 2021. Gesamtverantwortung für Druck und Herstellung bei der Nomos Verlagsgesellschaft mbH & Co. KG. Alle Rechte, auch die des Nachdrucks von Auszügen, der fotomechanischen Wiedergabe und der Übersetzung, vorbehalten.

Für unsere Familien

Vorwort

Das Wohnungseigentumsgesetz ist durch das Wohnungseigentumsmodernisierungsgesetz (WEMoG) einschneidend verändert worden. Vor allem die Praxis stellt dies vor erhebliche Herausforderungen. Die ganze Tragweite der Änderungen ist nicht leicht zu überblicken und wird erst allmählich vollständig erfasst werden können. Das Schrifttum hat mit diesem Prozess gerade erst begonnen; ganz sicher wird die Rechtsprechung in den kommenden Monaten nachziehen. Bis zur endgültigen Klärung vieler Fragen wird es jedoch Jahre dauern.

In der Zwischenzeit will dieses Buch allen, die in der Praxis mit dem Wohnungseigentumsrecht zu tun haben, ein Wegweiser durch das Labyrinth der neuen Regeln sein. Die beiden Autoren, die dieses Werk in jeder Beziehung als ihr gemeinsames betrachten, freuen sich auf konstruktive Kritik.

Buchholz/Hamburg im Dezember 2020

Niki Ruge
Marco Tyarks

Inhaltsverzeichnis

Vorwort	7
§ 1 Der Weg zum WEMoG	13
§ 2 Das WEMoG – grundlegende Erwägungen des Gesetzgebers und Auswirkungen	17
§ 3 Das neue WEG nach WEMoG	21
I. Überblick	22
II. Änderungen systematisch geordnet nach Stichworten	24
1. Bauliche Veränderungen	24
a) Bauliche Veränderungen des gemeinschaftlichen Eigentums	26
b) „Bauliche Veränderungen" des Sondereigentums	35
c) Nutzungen und Kosten bei baulichen Veränderungen	36
d) Duldungspflicht Dritter bei baulichen Veränderungen	41
2. Beschlusswesen	45
a) Beschlussfähigkeit	45
b) Beschlusskompetenzen	46
c) Beschluss-Sammlung	46
d) Eintragungsfähiger Beschluss	47
e) Umlaufbeschluss	49
3. Entziehung des Wohnungs- bzw. Teileigentums	49
4. Gemeinschaft der Wohnungseigentümer	53
a) Entstehung des Verbandes Wohnungseigentümergemeinschaft, § 9 a Abs. 1 S. 2 WEG und Kodifizierung der Ein-Personen-Gemeinschaft	55
b) Rechts- und Prozessfähigkeit, § 9 a Abs. 1 S. 1 WEG	57
c) Vertretung des Verbandes Wohnungseigentümergemeinschaft, § 9 b WEG	59
d) Geschäftsführung, § 27 WEG	65
e) Wohnungseigentümer(versammlung)	70
f) Gemeinschaftsvermögen, § 9 a Abs. 3 WEG	71
g) Ausübung der Rechte und Pflichten aus dem gemeinschaftlichen Eigentum, § 9 a Abs. 2 WEG	73

h) Rechtsbeziehungen zwischen dem Verband Wohnungseigentümergemeinschaft und den einzelnen Wohnungseigentümern 78
  (1) Anspruch des Verbandes Wohnungseigentümergemeinschaft auf Mitwirkung an der Beschlussfassung 79
  (2) Anspruch der Gemeinschaft auf Einhaltung gesetzlicher Regelungen, Vereinbarungen und Beschlüsse, § 14 Abs. 1 Nr. 1 WEG 80
  (3) Anspruch der Gemeinschaft der Wohnungseigentümer auf Duldung von Einwirkungen auf das gemeinschaftliche Eigentum und das Sondereigentum 82
  (4) Anspruch der Wohnungseigentümer auf ordnungsmäße Verwaltung des gemeinschaftlichen Eigentums nach § 18 Abs. 2 Nr. 1 WEG 85
  (5) Anspruch der Wohnungseigentümer auf ordnungsgemäße Benutzung des gemeinschaftlichen Eigentums und des Sondereigentums nach § 18 Abs. 2 Nr. 2 WEG 85
  (6) Berechtigung der Wohnungseigentümer zur Durchführung von Notmaßnahmen in Bezug auf das gemeinschaftliche Eigentum nach § 18 Abs. 3 WEG 86
  (7) Anspruch auf Einsicht in die Verwaltungsunterlagen, § 18 Abs. 4 WEG, und Anspruch auf Zurverfügungstellung des Vermögensberichts, § 28 Abs. 3 S. 2 WEG 86
i) Rechtsbeziehungen zwischen den Wohnungseigentümern untereinander, § 14 Abs. 2 und 3 WEG 87
j) Beendigung des Verbandes Wohnungseigentümergemeinschaft 89
5. Informationsrechte der Wohnungseigentümer 90
  a) Informationsanspruch, Vermögensbericht 90
  b) Einsichtsrecht 91
6. Sachenrecht 92
  a) Die Änderungen im Überblick 92
  b) Begründung von Sondereigentum an Freiflächen 92
  c) Stellplätze 98
7. Übergangsregelungen/Abgrenzung hinsichtlich der Geltung 99
  a) Auslegung von Altverträgen nach § 47 WEG 99
  b) Übergangsvorschriften nach § 48 WEG 104
8. Umlageschlüssel 108
9. Vereinbarung 109

	10. Verfahren/Prozessuales	109
	11. Versammlung	110
	12. Verwalter	111
	13. Verwaltungsbeirat	112
	14. Wirtschaftsplan und Jahresabrechnung	113
	15. Weitere Änderungen im Überblick	114
	a) Erhaltungsrücklage	114
	b) Delegationsmöglichkeit, Wegfall	114
	c) Veräußerungsbeschränkung	114
	d) „Werdender Wohnungseigentümer"	115
	e) Wiederaufbau	116

§ 4 Änderungen außerhalb des WEG ... 117

    I. Bürgerliches Gesetzbuch (BGB) ... 117
       1. Barrierereduzierung, E-Mobilität und Einbruchsschutz (§ 554 BGB) ... 118
         a) Überblick ... 118
         b) Einzelheiten ... 118
           (1) Bauliche Veränderung ... 119
           (2) Gebrauch durch Menschen mit Behinderungen ... 119
           (3) Laden elektrisch betriebener Fahrzeuge ... 119
           (4) Einbruchsschutz ... 120
           (5) Weitere Aspekte ... 121
         c) Anspruchsausschluss (§ 554 Abs. 1 S. 2 BGB) ... 121
         d) Zusatzkaution (§ 554 Abs. 1 S. 3 BGB) ... 123
         e) Halbzwingender Charakter (§ 554 Abs. 2 BGB) ... 124
         f) § 554 a BGB aF entfallen ... 124
       2. Umlage von Betriebskosten (§ 556 a Abs. 3 BGB) ... 124
       3. Entsprechende Anwendbarkeit (§ 578 BGB) ... 124
    II. Justizaktenaufbewahrungsgesetz ... 124
    III. Gerichtsverfassungsgesetz (GVG) ... 125
    IV. Gesetz über die Zwangsversteigerung und die Zwangsverwaltung (ZVG) ... 125
    V. Grundbuchverfügung ... 125
    VI. Wohnungsgrundbuchverfügung ... 125
    VII. Gerichtskostengesetz ... 125
    VIII. Weitere Änderungen im Überblick ... 126

§ 5 Ausblick ... 127

Stichwortverzeichnis ... 129

§ 1 Der Weg zum WEMoG

Das Wohnungseigentumsgesetz ist seit seinem Inkrafttreten immer wieder Gegenstand von Änderungen gewesen. Das ist für eine solche Kodifizierung nichts Ungewöhnliches und belegt nur, dass das Wohnungseigentum – ebenso wie das eng mit ihm verwandte Teileigentum – insgesamt lebendig und akzeptiert ist. Teils ging es um kleinere Änderungen, teils auch um größere Eingriffe mit neuen konzeptionellen Ansätzen. Die **letzte große** Novelle liegt rund dreizehn Jahre zurück und trat Mitte 2007 in Kraft. Sie betraf im Wesentlichen die Ausweitung der Beschlusskompetenz der Wohnungseigentümer, Änderungen im Verfahrensrecht sowie die Regelung der Rechtsfähigkeit der Gemeinschaft der Wohnungseigentümer. Dabei wurden indes nicht nur bestehende Probleme gelöst, sondern zugleich neue Fragen aufgeworfen.[1] Auch gelang es dem Gesetzgeber nicht auf Anhieb, den eingeleiteten Systemwechsel überall sofort vollständig zu vollziehen; als Beispiel zu nennen ist hier die Überleitung der WEG-Streitigkeiten in das Verfahrensrecht gemäß der ZPO.

Neue Impulse für die Weiterentwicklung des Wohnungseigentumsrechts ergaben sich in 2016 durch einen Gesetzentwurf des **Bundesrates**, der vor dem Hintergrund des demographischen Wandels vor allem zwei Themen ansprach, nämlich Barrierefreiheit und Elektromobilität.[2] Allerdings wurde dieser Entwurf mit dem Ende der 18. Legislaturperiode gegenstandslos, ohne zu konkreten Änderungen geführt zu haben. Er wurde danach aber nochmals eingebracht,[3] freilich wiederum ohne greifbare Folgen für die Rechtsanwendung.

Der **Koalitionsvertrag 2018** zwischen CDU, CSU und SPD für die 19. Legislaturperiode führt im Zusammenhang mit dem Wohnungseigentumsrecht auf Seite 111 aus:

> „Wir werden die Regelungen des Wohnungseigentumsrechts reformieren und mit dem Mietrecht harmonisieren, um die Vorbereitung und Durchführung von Beschlüssen der Wohnungseigentümer über bauliche Maßnahmen insbesondere in den Bereichen Barrierefreiheit, energetische Sanierung, Förderung von Elektromobilität und Einbruchschutz zu erleichtern."

Damit war eine über den ursprünglichen Entwurf des Bundesrates hinausgehende Novellierung des Wohnungseigentumsgesetzes vorgezeichnet. Im Juni 2018 fasste die 89. Konferenz der Justizministerinnen und Justizminister den Entschluss, Einzelheiten einer möglichen Modernisierung des WEG durch eine **Bund-Länder-Arbeitsgruppe** prüfen und beraten zu lassen. Deren Abschlussbe-

---

1 Statt vieler *Klimesch* ZMR 2009, 342; *Schneider* ZfIR 2008, 161; *Niedenführ* NJW 2008, 1768.
2 BR-Drs. 340/16 vom 23.9.2016.
3 BR-Drs. 730/17 vom 15.12.2017.

richt⁴, der im August 2019 vorgelegt wurde, adressiert insgesamt siebzehn wohnungseigentumsrechtliche Themen, darunter die Abgrenzung von Gemeinschafts- und Sondereigentum, die Begründung der Gemeinschaft, Organisation und Kompetenzverteilung sowie bauliche Maßnahmen.

5 Anfang 2020 wurde ein Referentenentwurf zu einer neuen, noch weiter ausgreifenden Novellierungsrunde bekannt. Das BMJV hatte den Fachverbänden Mitte Januar 2020 den Entwurf eines Gesetzes zur Förderung der Elektromobilität und zur Modernisierung des Wohnungseigentumsgesetzes (Wohnungseigentumsmodernisierungsgesetz – WEMoG) zur Anhörung und parallel zur Ressortabstimmung zugeleitet. Dieser Entwurf setzt auf dem Abschlussbericht der Bund-Länder-Arbeitsgruppe auf, geht jedoch sowohl in seiner Breite wie auch in seiner Tiefe erheblich über bisherige Änderungsvorschläge hinaus. Als **Referentenentwurf** wurde ein knapp hundertseitiges Papier vorgelegt, das eine tiefgreifende Umgestaltung der wohnungseigentumsrechtlichen Landschaft in den Blick nimmt. Dazu ist schnell eine Vielzahl von Stellungnahmen ergangen.⁵ Einigkeit herrschte insoweit jedenfalls darüber, dass der Entwurf erhebliche Veränderungen der bisherigen Rechtslage und vielfältige Konsequenzen für die zukünftige Rechtsanwendung impliziert.

6 Der Referentenentwurf hat sodann zu einem konkreten Gesetzentwurf der Bundesregierung geführt.⁶ Dieser **Regierungsentwurf**⁷ unterscheidet sich zwar punktuell von dem Referentenentwurf, folgt aber im Großen und Ganzen dessen Linie und nimmt ebenfalls eine umfassende Novellierung des WEG in den Blick. Einzelheiten wurden sodann in den zuständigen Gremien diskutiert. Der Bundestag hat den Regierungsentwurf⁸ unter Berücksichtigung von Änderungsvorschlägen des Ausschusses für Recht und Verbraucherschutz⁹ schließlich am 17.9.2020 angenommen. In seiner 994. Sitzung am 9.10.2020 hat der Bundesrat beschlossen, im Hinblick auf das WEMoG keinen Antrag gemäß Art. 77 Abs. 2 GG zu stellen,¹⁰ was zum Zustandekommen des Gesetzes geführt hat (Art. 78 GG).

7 Um eine zügige Umsetzung der Reform zu ermöglichen, ist ein **Inkrafttreten** zu Beginn des zweiten auf die Verkündung folgenden Monats vorgesehen, wobei die Änderungen des Justizaktenaufbewahrungsgesetzes und der Justizkostengesetze, bereits am Tag nach der Verkündung in Kraft treten. Die Verkündung im Bun-

---

4 ZWE 2019, 430; dazu *Dötsch/Schultzky/Zschieschack* ZflR 2019, 649; *Elzer* MietRB 2019, 316.
5 ZB *Wilsch* FGPrax 2020, 1; *Elzer* MDR 2020, R5-R7; *Hinz* ZMR 2020, 264; *Weber* IMR 2020, 85; *Skauradszun* ZRP 2020, 34.
6 Vgl. BR-Drs. 168/2020; BT-Drs. 19/18791 vom 27.4.2020; zu Empfehlungen der Ausschüsse des Bundesrates BR-Drs. 168/1/20 vom 4.5.2020.
7 Dazu zB *Skauradszun/Harnack* AnwZert MietR 13/2020 Anm. 1; *Mediger* AnwZert MietR 15/2020 Anm. 2; *Agatsy* AnwZert MietR 15/2020 Anm. 1; *Hinz* ZMR 2020, 374; *Becker/Schneider* ZflR 2020, 281.
8 BT-Drs. 19/18791.
9 BT-Drs. 19/22634.
10 BR-Drs. 544/20.

desgesetzblatt ist erfolgt am 22.10.2020.[11] Die wesentlichen Kernänderungen gelten damit seit dem **1.12.2020**, wobei freilich die Überleitungsvorschriften zu berücksichtigen sind.

Die WEG-Novelle 2020 durch das WEMoG bewirkt viele Veränderungen für die Rechtspraxis. Einige davon sind zumindest gewöhnungsbedürftig, weil sie gegenüber dem bislang geltenden Recht ganz neue Wege beschreiten. Zu nennen sind insoweit vor allem die Begründung von Sondereigentum an Teilen der Grundstücksfläche sowie die Eintragung bestimmter Beschlüsse der Wohnungseigentümer im Grundbuch. Sicherlich wird sich dazu recht schnell ein nicht unerheblicher Beratungsbedarf ergeben. Andererseits bringt die Novelle aber auch Vereinfachungen, beispielsweise im Zusammenhang mit der Beschlusssammlung. Wiederum darf erwartet werden, dass als **Folge** der Reform neue Rechtsfragen auftreten, auf die Rechtsprechung und Literatur Antworten finden müssen.

8

---

11 BGBl. 2020 I 2187.

§ 2 Das WEMoG – grundlegende Erwägungen des Gesetzgebers und Auswirkungen

Das WEMoG selbst betrachtet sich als eine grundlegende Reform, die Ergebnis einer intensiven Prüfung der Bundesregierung ist. Im Zuge dieser Überprüfung wurden Defizite des geltenden Wohnungseigentumsrechts ermittelt, die es abzustellen gelte. Basis waren insoweit einerseits der ursprüngliche Gesetzentwurf des Bundesrates und andererseits der Abschlussbericht der Bund-Länder-Arbeitsgruppe. Das Prinzip der **Vertragsfreiheit** für das Verhältnis der Wohnungseigentümer untereinander wie auch zur Gemeinschaft soll aber nicht angetastet werden. Schwerpunkte der Novelle liegen erklärtermaßen auf folgenden Aspekten: 1

- Anspruch auf Einbau einer Lademöglichkeit für ein Elektrofahrzeug, barrierefreien Aus- und Umbau sowie Maßnahmen des Einbruchsschutzes für Eigentümer, aber auch für Mieter
- Abbau unnötiger Friktionen zwischen dem Wohnungseigentums- und dem Mietrecht, insbesondere im Hinblick auf die Vorgaben zur Betriebskostenabrechnung
- Vereinfachung der Beschlussfassung über bauliche Veränderungen, insbesondere für Maßnahmen, die zu nachhaltigen Kosteneinsparungen führen oder die Wohnanlage in einen zeitgemäßen Zustand versetzen
- Erweiterung der Rechte von Wohnungseigentümern, insbesondere durch ein gesetzlich verankertes Recht auf Einsichtnahme in die Verwaltungsunterlagen und einen jährlichen Vermögensbericht des Verwalters über die wirtschaftliche Lage der Gemeinschaft; leichtere Trennung von einem Verwalter bei Verlust der Vertrauensgrundlage
- Aufwertung der Eigentümerversammlung durch Verlängerung der Ladungsfrist und Beseitigung von Hürden für die Beschlussfähigkeit; Chancen der Digitalisierung nutzen, insbesondere indem die Online-Teilnahme an Versammlungen und die elektronische Beschlussfassung gestattet werden
- Stärkung des Verwaltungsbeirats
- Verbesserung der Effizienz der Verwaltung des gemeinschaftlichen Eigentums; klares Konzept für die Rolle der rechtsfähigen Gemeinschaft und ihre Teilnahme am Rechtsverkehr
- Reduzierung von Streitpotential und Förderung der Streitbeilegung

Bereits nach dem Entwurf der Bundesregierung bestand das übergeordnete **Motiv der Novelle** ausdrücklich darin, das Wohnungseigentumsrecht tauglich zu machen für die Zukunft und ihre Herausforderungen. Die Novelle enthält aber ebenso Anpassungen an eine bereits eingetretene Veränderung der allgemeinen Lebensverhältnisse. Die grundsätzliche Eignung des WEG, seine Daseinsberechtigung, steht dabei nicht in Frage. Auffällig ist aber, dass mit der Reduzierung 2 von Streitpotential ein Aspekt thematisiert wird, der schon dem ursprünglichen WEG-Gesetzgeber am Herzen lag.[12] Seine Hoffnung hat sich wohl jedenfalls insoweit nicht erfüllt, als das Wohnungseigentum doch zu häufig Anlass für Streit bietet. Ob der Grund dafür zumindest auch in der Komplexität der Materie liegt,[13] kann an dieser Stelle dahinstehen. Richtig ist sicherlich, dass Rechtsprechung und Literatur vor allem in den zurückliegenden beiden Jahrzehnten zu einer erheblichen Ausdifferenzierung der an sich überschaubaren normativen Landschaft des WEG beigetragen haben. Allerdings betrachten sich Wohnungseigentümer erfahrungsgemäß in erster Linie als *Eigentümer* und nicht als *Teilhaber* an einer Gemeinschaft neben anderen Miteigentümern. Abzuwarten bleibt, ob die Novelle an diesem grundsätzlichen Ausgangspunkt etwas verändert.

3 Die vorgenannten Schwerpunkte des Reformbedarfs wurden im Zuge der Erörterungen weiter konkretisiert und zu insgesamt vierzehn einzelnen Aspekten fortentwickelt, die im Wesentlichen das **Maßnahmenpaket des WEMoG** bilden.[14] Es beinhaltet demnach

1. Förderung der Elektromobilität, der Barrierereduzierung und des Einbruchsschutzes; Glasfaseranschluss,
2. Erleichterung baulicher Maßnahmen,
3. Stärkung der Rechte der Wohnungseigentümer,
4. Stärkung des Verwaltungsbeirats,
5. Nutzung der Möglichkeiten der Digitalisierung,
6. Rechtssicherheit in der Begründungsphase,
7. Harmonisierung von Mietrecht und Wohnungseigentumsrecht,
8. Vereinfachung der Jahresabrechnung,
9. Ordnung der Rechtsbeziehungen in der Gemeinschaft,
10. Stärkung der Handlungsfähigkeit der Gemeinschaft,
11. Stärkung der Gemeinschaft der Wohnungseigentümer im Rechtsverkehr,
12. Sondereigentumsfähigkeit von Freiflächen,
13. Modernisierung des gerichtlichen Verfahrensrechts und schließlich
14. Regelungen im Übrigen.

4 Wenngleich nicht überall auf den ersten Blick erkennbar, sind damit viele wichtige Regelungsmechanismen innerhalb des rechtlichen Organismus Wohnungs-/Teileigentum unmittelbar von der Reform betroffen. Die Novelle kann unter dem Strich als ambitioniert bezeichnet werden. Sicherlich ist sie das bislang größte und folgenreichste Änderungsvorhaben des Gesetzgebers im Wohnungseigentumsrecht. **Auswirkungen** ergeben sich primär für Wohnungs- und Teileigentümer sowie für Verwalter des gemeinschaftlichen Eigentums. Sie ergeben sich

---

12 Vgl. BR-Drs. 75/51, Anlage 2, 4, 10.
13 So BT-Drs. 19/18791, 23.
14 Vgl. BT-Drs. 19/18791, 24 ff.

daneben aber auch für die anwaltlichen Berater und Notare – für beide nicht selten in Verbindung mit einem eigenen Haftungsrisiko – sowie für Gerichte, die mit der Entscheidung wohnungseigentumsrechtlicher Streitigkeiten befasst sind. Schließlich tangiert die Novelle noch die Rechtspositionen von Mietern, die eine Eigentumswohnung oder ein Teileigentum angemietet haben. Sie ist damit nicht nur inhaltlich breit aufgestellt, sondern auch im Hinblick auf den betroffenen Personenkreis weit aufgefächert.

§ 3 Das neue WEG nach WEMoG

I. Überblick 1	h) Rechtsbeziehungen zwischen dem Verband Wohnungseigentümergemeinschaft und den einzelnen Wohnungseigentümern 201
II. Änderungen systematisch geordnet nach Stichworten 3	(1) Anspruch des Verbandes Wohnungseigentümergemeinschaft auf Mitwirkung an der Beschlussfassung 204
1. Bauliche Veränderungen 4	
a) Bauliche Veränderungen des gemeinschaftlichen Eigentums 12	
b) „Bauliche Veränderungen" des Sondereigentums 42	(2) Anspruch der Gemeinschaft auf Einhaltung gesetzlicher Regelungen, Vereinbarungen und Beschlüsse, § 14 Abs. 1 Nr. 1 WEG 211
c) Nutzungen und Kosten bei baulichen Veränderungen 50	
d) Duldungspflicht Dritter bei baulichen Veränderungen 63	
2. Beschlusswesen 77	(3) Anspruch der Gemeinschaft der Wohnungseigentümer auf Duldung von Einwirkungen auf das gemeinschaftliche Eigentum und das Sondereigentum 224
a) Beschlussfähigkeit 78	
b) Beschlusskompetenzen 80	
c) Beschluss-Sammlung 82	
d) Eintragungsfähiger Beschluss 88	
e) Umlaufbeschluss 93	
3. Entziehung des Wohnungs- bzw. Teileigentums 94	(4) Anspruch der Wohnungseigentümer auf ordnungsgemäße Verwaltung des gemeinschaftlichen Eigentums nach § 18 Abs. 2 Nr. 1 WEG 232
4. Gemeinschaft der Wohnungseigentümer 108	
a) Entstehung des Verbandes Wohnungseigentümergemeinschaft, § 9 a Abs. 1 S. 2 WEG und Kodifizierung der Ein-Personen-Gemeinschaft 114	
b) Rechts- und Prozessfähigkeit, § 9 a Abs. 1 S. 1 WEG 124	(5) Anspruch der Wohnungseigentümer auf ordnungsgemäße Benutzung des gemeinschaftlichen Eigentums und des Sondereigentums nach § 18 Abs. 2 Nr. 2 WEG 234
c) Vertretung des Verbandes Wohnungseigentümergemeinschaft, § 9 b WEG 132	
d) Geschäftsführung, § 27 WEG 157	
e) Wohnungseigentümer(versammlung) 171	
f) Gemeinschaftsvermögen, § 9 a Abs. 3 WEG 178	(6) Berechtigung der Wohnungseigentümer zur Durchführung von Notmaßnahmen in Bezug auf das gemeinschaftliche Eigentum nach § 18 Abs. 3 WEG 237
g) Ausübung der Rechte und Pflichten aus dem gemeinschaftlichen Eigentum, § 9 a Abs. 2 WEG 182	

(7) Anspruch auf Einsicht in die Verwaltungsunterlagen, § 18 Abs. 4 WEG, und Anspruch auf Zurverfügungstellung des Vermögensberichts, § 28 Abs. 3 S. 2 WEG ... 238
i) Rechtsbeziehungen zwischen den Wohnungseigentümern untereinander, § 14 Abs. 2 und 3 WEG ... 239
j) Beendigung des Verbandes Wohnungseigentümergemeinschaft 247
5. Informationsrechte der Wohnungseigentümer 251
a) Informationsanspruch, Vermögensbericht 252
b) Einsichtsrecht 256
6. Sachenrecht 257
a) Die Änderungen im Überblick 258
b) Begründung von Sondereigentum an Freiflächen 261
c) Stellplätze 283
7. Übergangsregelungen/Abgrenzung hinsichtlich der Geltung 287
a) Auslegung von Altverträgen nach § 47 WEG 289
b) Übergangsvorschriften nach § 48 WEG 310
8. Umlageschlüssel 320
9. Vereinbarung 324
10. Verfahren/Prozessuales 325
11. Versammlung 330
12. Verwalter 334
13. Verwaltungsbeirat 336
14. Wirtschaftsplan und Jahresabrechnung 340
15. Weitere Änderungen im Überblick 345
a) Erhaltungsrücklage 345
b) Delegationsmöglichkeit, Wegfall 346
c) Veräußerungsbeschränkung 347
d) „Werdender Wohnungseigentümer" 350
e) Wiederaufbau 353

I. Überblick

1   Im Einzelnen bringt die Novelle zu einer Vielzahl von wohnungseigentumsrechtlichen Themen Änderungen der bislang geltenden Rechtslage mit sich. Das Gesetzgebungsvorhaben begleitend wurde dazu ausgeführt:[15]

„Das WEG wird grundlegend reformiert. Die Schwerpunkte der Reform liegen in folgenden Aspekten:

- Jede Wohnungseigentümerin und jeder Wohnungseigentümer soll im Grundsatz einen Anspruch darauf haben, dass ihr beziehungsweise ihm auf ihre beziehungsweise seine Kosten der Einbau einer Lademöglichkeit für ein Elektrofahrzeug, der barrierefreie Aus- und Umbau sowie Maßnahmen des Einbruchschutzes und zum Glasfaseranschluss gestattet werden.
- Auch jede Mieterin und jeder Mieter soll im Grundsatz einen Anspruch darauf haben, dass ihr beziehungsweise ihm auf ihre beziehungsweise seine Kosten der Einbau einer Lademöglichkeit für ein Elektrofahrzeug, der barrierefreie Aus- und Umbau sowie Maßnahmen des Einbruchschutzes gestattet werden. Darüber hinaus sollen unnötige Friktionen zwischen

---

15 BR-Drs. 168/20, 1 f.

- Wohnungseigentums- und Mietrecht abgebaut werden, insbesondere indem die Vorgaben zur Betriebskostenabrechnung harmonisiert werden.
- Die Beschlussfassung über bauliche Veränderungen der Wohnanlage soll vereinfacht werden, insbesondere für Maßnahmen, die zu nachhaltigen Kosteneinsparungen führen oder die Wohnanlage in einen zeitgemäßen Zustand versetzen.
- Die Rechte von Wohnungseigentümerinnen und Wohnungseigentümern sollen erweitert werden, insbesondere indem das Recht auf Einsichtnahme in die Verwaltungsunterlagen im Gesetz festgeschrieben und ein jährlicher Vermögensbericht des Verwalters eingeführt wird, der über die wirtschaftliche Lage der Gemeinschaft Auskunft gibt. Auch die Möglichkeit, sich von einer Verwalterin oder einem Verwalter zu trennen, in den die Wohnungseigentümerinnen und Wohnungseigentümer das Vertrauen verloren haben, soll erleichtert werden.
- Die Wohnungseigentümerversammlung soll als zentraler Ort der Entscheidungsfindung aufgewertet werden, indem die Ladungsfrist verlängert und Hürden für die Beschlussfähigkeit beseitigt werden. Zugleich soll es Wohnungseigentümern ermöglicht werden, die Chancen der Digitalisierung zu nutzen, insbesondere indem die OnlineTeilnahme an Versammlungen und die elektronische Beschlussfassung gestattet werden.
- Der Verwaltungsbeirat soll gestärkt werden, indem seine Zusammensetzung flexibilisiert und die Haftung seiner Mitglieder beschränkt werden.
- Die Verwaltung des gemeinschaftlichen Eigentums soll effizienter gestaltet werden, indem die Rolle der rechtsfähigen Gemeinschaft der Wohnungseigentümer klar konzipiert und ihre Teilnahme am Rechtsverkehr vereinfacht werden.
- Das Streitpotential in der Gemeinschaft soll reduziert werden, indem streitträchtige Vorschriften klarer gefasst werden. Das gilt insbesondere für die Vorschriften zu Wirtschaftsplan und Jahresabrechnung, zu baulichen Veränderungen und zur Entstehung und Stellung der rechtsfähigen Gemeinschaft der Wohnungseigentümer.
- Lässt sich ein Streit nicht vermeiden, soll eine Änderung der gerichtlichen Verfahrensvorschriften eine effiziente Streitbeilegung fördern."

Umgesetzt werden diese gesetzgeberischen Ziele einerseits durch Änderungen des WEG selbst und andererseits durch Änderungen außerhalb des WEG, die die Reform quasi flankieren. Der Schwerpunkt liegt dabei natürlich auf den Neuerungen innerhalb des WEG. **Art. 1 WEMoG**, der diesen Teil der Reform enthält, umfasst insgesamt 33 Gliederungsziffern. Die textmäßig größten Veränderungen zeigen sich im Hinblick auf die **Kernanliegen** der Reform, also vor allem bei §§ 9a und 9b WEG (Gemeinschaft der Wohnungseigentümer), §§ 13 bis 15 WEG (Rechte und Pflichten der Wohnungseigentümer, Pflichten Dritter), §§ 21

2

und 22 WEG (bauliche Veränderungen) sowie §§ 43 bis 45 WEG (Verfahrensvorschriften). Außerhalb des WEG ist vor allem der neue § 554 BGB zu nennen (Art. 2 Nr. 1 WEMoG), der im mietrechtlichen Kontext Regelungen zur Barrierereduzierung, E-Mobilität und zum Einbruchschutz zur Verfügung stellt.

II. Änderungen systematisch geordnet nach Stichworten

3 Die Gliederung des Art. 1 WEMoG orientiert sich am Aufbau des WEG. Im Einzelnen bringt die Novelle zu einer Vielzahl von wohnungseigentumsrechtlichen Themen Änderungen der bislang geltenden Rechtslage mit sich. Nicht selten betreffen die Veränderungen, obgleich inhaltlich zusammengehörend, mehrere Paragrafen. Des leichteren Zugriffs wegen werden die für die Praxis wichtigen Änderungen deshalb nachfolgend systematisch geordnet nach den einschlägigen **Stichworten** dargestellt.

1. Bauliche Veränderungen

4 Die Vorschriften zu den baulichen Veränderungen wurden einschneidend reformiert. *Elzer*[16] bezeichnet die Änderungen in diesem Bereich zu Recht als eine der Kernänderungen. Auch der Abschlussbericht der Bund-Länder-Arbeitsgruppe zur WEG-Reform, die die Änderungen vorbereitete, hat im Rahmen der baulichen Veränderungen eine in diesem Sinne **große Lösung** präferiert und vorgeschlagen.[17]

5 Die Vorschriften zu den baulichen Veränderungen wurden in dem neuen **Abschnitt 4** „Rechtsverhältnis der Wohnungseigentümer untereinander und zur Gemeinschaft der Wohnungseigentümer" in den §§ 20, 21 WEG geregelt. Der bisherige Standort wurde aufgegeben.

6 Die Vorschriften der §§ 20, 21 WEG nach WEMoG lauten wie folgt:

§ 20 Bauliche Veränderungen

(1) Maßnahmen, die über die ordnungsmäßige Erhaltung des gemeinschaftlichen Eigentums hinausgehen (bauliche Veränderungen), können beschlossen oder einem Wohnungseigentümer durch Beschluss gestattet werden.

(2) Jeder Wohnungseigentümer kann angemessene bauliche Veränderungen verlangen, die

1. dem Gebrauch durch Menschen mit Behinderungen,
2. dem Laden elektrisch betriebener Fahrzeuge,
3. dem Einbruchsschutz und
4. dem Anschluss an ein Telekommunikationsnetz mit sehr hoher Kapazität

dienen. Über die Durchführung ist im Rahmen ordnungsmäßiger Verwaltung zu beschließen.

---

[16] MDR 2020, R 5 – R 7.
[17] ZWE 2019, 429 (445).

(3) Unbeschadet des Absatzes 2 kann jeder Wohnungseigentümer verlangen, dass ihm eine bauliche Veränderung gestattet wird, wenn alle Wohnungseigentümer, deren Rechte durch die bauliche Veränderung über das bei einem geordneten Zusammenleben unvermeidliche Maß hinaus beeinträchtigt werden, einverstanden sind.

(4) Bauliche Veränderungen, die die Wohnanlage grundlegend umgestalten oder einen Wohnungseigentümer ohne sein Einverständnis gegenüber anderen unbillig benachteiligen, dürfen nicht beschlossen und gestattet werden; sie können auch nicht verlangt werden.

§ 21 Nutzungen und Kosten bei baulichen Veränderungen

(1) Die Kosten einer baulichen Veränderung, die einem Wohnungseigentümer gestattet oder die auf sein Verlangen nach § 20 Absatz 2 durch die Gemeinschaft der Wohnungseigentümer durchgeführt wurden, hat dieser Wohnungseigentümer zu tragen. Nur ihm gebühren die Nutzungen.

(2) Vorbehaltlich Absatz 1 haben alle Wohnungseigentümer die Kosten einer baulichen Veränderung nach dem Verhältnis ihrer Anteile (§ 16 Absatz 1 Satz 2) zu tragen,
1. die mit mehr als zwei Dritteln der abgegebenen Stimmen und der Hälfte aller Miteigentumsanteile beschlossen wurde, es sei denn, die bauliche Veränderung ist mit unverhältnismäßigen Kosten verbunden, oder
2. deren Kosten sich innerhalb eines angemessenen Zeitraums amortisieren.

Für die Nutzungen gilt § 16 Absatz 1.

(3) Die Kosten anderer als der in den Absätzen 1 und 2 bezeichneten baulichen Veränderungen haben die Wohnungseigentümer, die sie beschlossen haben, nach dem Verhältnis ihrer Anteile (§ 16 Absatz 1 Satz 2) zu tragen. Ihnen gebühren die Nutzungen entsprechend § 16 Absatz 1.

(4) Ein Wohnungseigentümer, der nicht berechtigt ist, Nutzungen zu ziehen, kann verlangen, dass ihm dies nach billigem Ermessen gegen angemessenen Ausgleich gestattet wird. Für seine Beteiligung an den Nutzungen und Kosten gilt Absatz 3 entsprechend.

(5) Die Wohnungseigentümer können eine abweichende Verteilung der Kosten und Nutzungen beschließen. Durch einen solchen Beschluss dürfen einem Wohnungseigentümer, der nach den vorstehenden Absätzen Kosten nicht zu tragen hat, keine Kosten auferlegt werden.

§ 16 Abs. 3 WEG regelt folgendermaßen: 7

Für die Kosten und Nutzungen bei baulichen Veränderungen gilt § 21.

§ 13 Abs. 2 WEG beinhaltet für Maßnahmen, die über die ordnungsgemäße Instandhaltung und Instandsetzung des Sondereigentums hinausgehen, also faktisch „bauliche Veränderungen" des Sondereigentums, eine partielle Rechtsgrundverweisung. Die Norm führt wie folgt aus: 8

Für Maßnahmen, die über die ordnungsmäßige Instandhaltung und Instandsetzung (Erhaltung) des Sondereigentums hinausgehen, gilt § 20 mit der Maßgabe entsprechend, dass es keiner Gestattung bedarf, soweit keinem der anderen Wohnungseigentümer über das bei einem geordneten Zusammenleben unvermeidliche Maß hinaus ein Nachteil erwächst.

9 § 15 Nr. 2 WEG regelt schließlich eine Duldungspflicht Dritter, insbesondere **Mieter**, für bauliche Veränderungen. Das WEMoG greift an dieser Stelle also auch in Mietverhältnisse ein. Die Vorschrift, die auf eine Harmonisierung mit dem Mietrecht abzielt, führt wie folgt aus:

> Wer Wohnungseigentum gebraucht, ohne Wohnungseigentümer zu sein, hat gegenüber der Gemeinschaft der Wohnungseigentümer und anderen Wohnungseigentümern zu dulden:
> [...]
> 2. Maßnahmen, die über die Erhaltung hinausgehen, die spätestens drei Monate vor ihrem Beginn in Textform angekündigt wurden; § 555 c Absatz 1 Satz 2 Nummer 1 und 2, Absatz 2 bis 4 und § 555 d Absatz 2 bis 5 des Bürgerlichen Gesetzbuchs gelten entsprechend.

10 § 554 BGB (Barrierereduzierung, **E-Mobilität** und Einbruchsschutz) wird zudem an den neuen § 20 Abs. 2 WEG angepasst. Hier zeigt sich die beabsichtigte Harmonisierung von Wohnungseigentums- und Mietrecht.

11 Durch die Neuregelungen sollen bauliche Veränderung in WEG-Anlagen erheblich erleichtert und das Verfahren vereinfacht werden. Hierdurch sollen ua Sanierungs- und sonstige energetische Maßnahmen gerade im Hinblick auf die **Klimaschutzziele** leichter möglich werden. Die geltende Rechtslage führe dazu, dass der bauliche Zustand der Wohnungseigentumsanlage „versteinert" werde.[18] Zugleich soll die Kostentragungspflicht für solche Maßnahmen neu geregelt werden.

a) Bauliche Veränderungen des gemeinschaftlichen Eigentums

12 § 20 Abs. 1 WEG weist die Beschlusskompetenz für bauliche Veränderungen des gemeinschaftlichen Eigentums den Wohnungseigentümern zu. Der Begriff der baulichen Veränderung wird **legaldefiniert**. Hiernach sind bauliche Veränderungen „Maßnahmen, die über die ordnungsmäßige Erhaltung des gemeinschaftlichen Eigentums hinausgehen". Der Begriff der Erhaltung wird wiederum in § 13 Abs. 2 WEG definiert. Erhaltung ist hiernach die „Instandhaltung und Instandsetzung". Bauliche Veränderungen sind also – wie bisher – Maßnahmen, die über die ordnungsgemäße Instandhaltung und Instandsetzung hinausgehen. Zur ordnungsgemäßen Verwaltung gehört weiterhin die ordnungsgemäße Erhaltung des gemeinschaftlichen Eigentums.[19] **Modernisierende Instandsetzungen** sind – wie bisher – unter die Instandsetzungen zu fassen, obgleich der Regierungsentwurf die Streichung des § 22 Abs. 3 WEG vorsah, der ebenfalls lediglich der Klarstellung diente.[20]

---

18 Vgl. BT-Drs. 19/18791, 24.
19 § 19 Abs. 2 Nr. 2 WEG.
20 BT-Drs. 16/887, 32.

Die Wohnungseigentümer können sowohl selbst bauliche Veränderungen des gemeinschaftlichen Eigentums beschließen als auch einzelnen Wohnungseigentümern durch **Beschluss** die Ausführung baulicher Veränderungen gestatten.

Ein besonderes Quorum sieht § 20 Abs. 1 WEG nicht vor, so dass die einfache **Stimmenmehrheit** genügt.[21] Da durch das WEMoG zugleich § 25 Abs. 3 WEG aF (Quorum für die Beschlussfähigkeit) gestrichen wurde, sind hier auch Minderheitsbeschlüsse denkbar.[22]

Die Rechtmäßigkeit der Beschlussfassung über eine bauliche Veränderung soll lediglich unter den Voraussetzungen der sogenannten **Veränderungssperre** des § 20 Abs. 4 WEG entfallen, wobei auch solche Beschlüsse keineswegs nichtig, sondern lediglich anfechtbar sind.[23] Hierzu führte bereits der Schlussbericht der Bund-Länder-Arbeitsgruppe zur WEG-Reform[24] wie folgt aus: „Ob ein Beschluss über eine bauliche Veränderung rechtmäßig ist, soll durch eine typisierte Interessenabwägung ermittelt werden. Veränderungssperren sollen jedenfalls die grundlegende Umgestaltung der Wohnanlage sowie ein „**Sonderopferverbot**" sein, das es untersagt, einzelne Wohnungseigentümer unbillig zu belasten."

Die Kernbegriffe des § 20 Abs. 4 WEG „**grundlegende Umgestaltung**" der Wohnanlage" und „**unbillige Benachteiligung**" sind dem Wortlaut des § 22 Abs. 2 WEG aF entlehnt, wonach Modernisierungsmaßnahmen iSd § 555 b Nr. 1 bis 5 BGB, die die Eigenart der Wohnanlage nicht ändern und keinen Wohnungseigentümer gegenüber anderen unbillig beeinträchtigen, mit einer ¾ Mehrheit beschlossen werden konnten.[25]

Der BGH schließt Maßnahmen, die die Eigenart der Wohnanlage ändern, bereits aus dem Begriff der Modernisierung iSd § 555 b Nr. 1 bis 5 BGB aus. Eine Modernisierungsmaßnahme iSd § 555 b BGB liegt nach der Rechtsprechung nicht vor, wenn hierdurch etwas **völlig Neues** entsteht. Eine Modernisierung zeichne sich dadurch aus, dass sie zwar auf der einen Seite über eine reine Instandsetzung hinausgeht, gleichzeitig jedoch auf dem bisherigen Zustand der Wohnung aufbaut und diese lediglich in einem solchem Umfang verändert, dass ihr bisheriger Charakter noch erhalten bleibt.[26]

Mediger[27] erwägt offenbar die vorgenannte Rechtsprechung zu Modernisierungsmaßnahmen iSd § 555 b BGB auch auf den Begriff der „grundlegenden Umgestaltung" anzuwenden.

---

21 Vgl. § 25 Abs. 1 WEG.
22 Kritisch im Hinblick auf den Minderheitenschutz *Becker/Schneider* ZfIR 2020, 281 (299).
23 Vgl. BT-Drs. 19/18791, 64.
24 ZWE 2019, 429 (444).
25 Vgl. Bund-Länder-Arbeitsgruppe zur WEG-Reform ZWE 2019, 429 (446).
26 BGH 21.11.2017 – VIII ZR 28/17, NJW 2018, 1008; BeckOK MietR/*Müller* BGB § 555 b Rn. 7 a.
27 NZM 2020, 269 (271).

19 Für den Begriff der Modernisierung ist die BGH-Rechtsprechung einleuchtend. Eine bauliche Veränderung geht jedoch über den Begriff der Modernisierungsmaßnahmen hinaus.[28] Es ist auch nicht ersichtlich, dass das WEMoG jedwede Maßnahme, die über eine Modernisierungsmaßnahme iSd § 555 b BGB, § 22 Abs. 2 WEG aF hinausgeht, unter die Veränderungssperre des § 20 Abs. 4 WEG fassen und so den Anwendungsbereich des § 20 Abs. 1 WEG faktisch nur auf Modernisierungsmaßnahmen beschränken wollte. Die Gesetzesbegründung[29] äußert vielmehr genau das Gegenteil:

> „Ob eine bauliche Veränderung die Wohnanlage grundlegend umgestaltet, kann nur im Einzelfall unter Berücksichtigung aller Umstände entschieden werden. Bezugspunkt ist dabei die Anlage als Ganze. Eine grundlegende Umgestaltung wird deshalb nur im Ausnahmefall und bei den nach § 20 Absatz 2 privilegierten Maßnahmen zumindest typischerweise gar nicht anzunehmen sein. Insbesondere führt nicht jede bauliche Veränderung, die nach dem geltenden § 22 Absatz 2 Satz 1 die Eigenart der Wohnanlage ändert, auch zu einer grundlegenden Umgestaltung. Der Begriff der grundlegenden Umgestaltung ist vielmehr enger zu verstehen als der Begriff der Änderung der Eigenart im geltenden Recht. Dadurch soll die bauliche Veränderung von Wohnungseigentumsanlagen erleichtert werden (vergleiche den Abschlussbericht der Bund-Länder-Arbeitsgruppe zur Reform des Wohnungseigentumsgesetzes, ZWE 2019, 430 (447))."

20 Zu dem Begriff der grundlegenden Umgestaltung, der sich einer näheren **Definition** entzieht, ist die allmähliche Entwicklung einer von Kasuistik geprägten Rechtsprechung zu erwarten.[30] Eine grundlegende Umgestaltung der Wohnanlage wird vornehmlich bei erheblichen Neubau- oder Abrissarbeiten des Bestandes in Betracht kommen, wobei Bezugspunkt die Anlage als Ganzes ist. Beispiele hierfür können im konkreten Einzelfall Aufstockungen von Gebäuden und Errichtungen neuer Gebäude sein.

21 In seiner zweiten subjektiven Alternative greift die Veränderungssperre des § 20 Abs. 4 WEG, wenn bauliche Veränderungen einen Wohnungseigentümer ohne sein Einverständnis gegenüber anderen **unbillig benachteiligen**.

22 Hinsichtlich des Begriffs der unbilligen Benachteiligung kann auf die Rechtsprechung des BGH zu § 22 Abs. 2 WEG aF verwiesen werden, die übertragbar ist. Hiernach können unbillig nur solche Maßnahmen sein, die über die Nachteile hinausgehen, die zwangsläufig mit der baulichen Veränderung verbunden sind (Einschränkungen während der Baumaßnahme pp.), und die bei wertender Betrachtung und in **Abwägung** mit den mit der baulichen Veränderung verfolgten

---

28 Vgl. auch Bärmann/Pick/*Emmerich* WEG (Arbeitshilfen zur WEG-Reform) § 20 Rn. 13.
29 BT-Drs. 19/18791, 64.
30 Kritisch dazu *Weber* IMR 2020, 85 (92).

Vorteilen einem verständigen Wohnungseigentümer in zumutbarer Weise nicht abverlangt werden dürfen.[31]

Ob sich eine unbillige Belastung aus einer zu erwartenden **Kostenbelastung** ergeben kann, ist fraglich.[32] Der Abschlussbericht, der Bund-Länder-Arbeitsgruppe zur WEG-Reform[33] führte hierzu aus: „Zur subjektiven Veränderungssperre wurde kontrovers diskutiert, ob hier die individuelle finanzielle Leistungsfähigkeit eine Rolle spielen soll." Da der Gesetzgeber eine unbillige Kostenbelastung bereits im Rahmen der Kostenverteilung nach § 21 Abs. 2 Nr. 1 WEG berücksichtigt, dessen Fassung im Ausschuss für Recht und Verbraucherschutz revidiert und geändert wurde, spielt diese im Rahmen des § 20 Abs. 4 WEG nur noch eine untergeordnete Rolle. Eine unbillige Belastung kann sich bspw. dann ergeben, wenn – außerhalb des Anwendungsbereichs des § 21 Abs. 2 Nr. 1 WEG – ein Wohnungseigentümer wegen der Kosten, die auf ihn nach § 21 Abs. 2 WEG entfallen, gezwungen wäre, sein Wohnungseigentum zu veräußern.[34] 23

Eine unbillige Belastung setzt weiter voraus, dass die bauliche Veränderung ohne Einverständnis (→ Rn. 37) des betroffenen Wohnungseigentümers erfolgt. 24

§ 20 Abs. 2 und Abs. 3 WEG begründen jeweils **Individualansprüche** des einzelnen Wohnungseigentümers[35] gegen die Gemeinschaft der Wohnungseigentümer. 25

Gemäß § 20 Abs. 2 WEG kann jeder Wohnungseigentümer angemessene bauliche Veränderungen verlangen, die dem Gebrauch durch Menschen mit Behinderung, dem Laden elektrisch betriebener Fahrzeuge, dem Einbruchsschutz und dem Anschluss an ein Telekommunikationsnetz mit sehr hoher Kapazität dienen. Es handelt es sich um sogenannte **privilegierte Maßnahmen**. Hiermit korrespondiert die Vorschrift des § 554 Abs. 1 BGB (→ § 4 Rn. 3 ff.), wonach der Mieter verlangen kann, dass ihm der Vermieter bauliche Veränderungen der Mietsache erlaubt, die dem Gebrauch durch Menschen mit Behinderung, dem Laden elektrisch betriebener Fahrzeuge oder dem Einbruchsschutz dienen. Die Gesetzesbegründung[36] führt zu § 20 Abs. 2 S. 1 auszugsweise wie folgt aus: 26

„§ 20 Absatz 2 Satz 1 begründet einen Individualanspruch eines Wohnungseigentümers, der auf die dort genannten privilegierten baulichen Veränderungen gerichtet ist. Dieser Anspruch bezieht sich aber nur auf das „Ob" der Maßnahme; über das „Wie" entscheiden die Wohnungseigentümer im Rahmen ordnungsmäßiger Verwaltung (vergleiche § 20 Absatz 2 Satz 2).

---

31 Vgl. BGH 18.2.2011 – V ZR 82/10, NJW 2011, 1220 Rn. 12 f.; BGH 20.7.2018 – V ZR 56/17, NZM 2018, 794 Rn. 29.
32 Vgl. zu § 22 Abs. 2 WEG: MüKoBGB/*Engelhardt* WEG § 22 Rn. 82 f.; Bärmann/*Merle* WEG § 22 Rn. 356 f.; *Hügel/Elzer* WEG § 22 Rn. 90.
33 ZWE 2019, 429 (446).
34 *Hügel/Elzer* WEG § 20 Rn. 156.
35 Vgl. *Weber* IMR 2020, 1036.
36 BT-Drs. 19/18791, 63.

Prozessual kann der Anspruch im Wege der Beschlussersetzungsklage nach § 44 Absatz 1 Satz 2 WEG-E durchgesetzt werden. In diesem Fall hat das Gericht, wenn die Voraussetzungen des § 20 Absatz 2 Satz 1 vorliegen, anstelle der Wohnungseigentümer das Entscheidungsermessen nach § 20 Absatz 2 Satz 2 auszuüben. Deshalb genügt es, wenn im Klageantrag die begehrte bauliche Veränderung bezeichnet wird; die konkrete Art und Weise ihrer Durchführung kann in das Ermessen des Gerichts gestellt werden.

Für die Kostentragung gilt § 21 Absatz 1 WEG-E."

27 Über die Durchführung der nach § 20 Abs. 1 S. 1 WEG verlangten baulichen Veränderung ist gemäß § 20 Abs. 2 S. 2 WEG im Rahmen ordnungsgemäßer Verwaltung zu beschließen. Hierzu führt die Gesetzesbegründung folgendermaßen aus:

„§ 20 Absatz 2 Satz 2 eröffnet den Wohnungseigentümern die Möglichkeit, über die Durchführung der baulichen Maßnahme im Rahmen ordnungsmäßiger Verwaltung (§ 18 Absatz 2 WEG-E), also dem Interesse der Gesamtheit der Wohnungseigentümer nach billigem Ermessen entsprechend, zu beschließen. Die Möglichkeit, einen solchen Beschluss zu fassen, ergibt sich bereits aus § 20 Absatz 1. § 20 Absatz 2 Satz 2 schränkt lediglich den Anspruch aus § 20 Absatz 2 Satz 1 insoweit ein, als dass der Wohnungseigentümer keinen Anspruch auf eine bestimmte Durchführung der baulichen Veränderung hat.

Der Begriff der Durchführung bezieht sich sowohl auf die baulichen Details als auch auf die Frage, wer die Baumaßnahme durchführt; dies ergibt sich mittelbar auch aus der Kostentragungsregelung des § 21 Absatz 1 WEG-E.

Die Wohnungseigentümer können deshalb im Rahmen ihres Ermessensspielraums etwa detaillierte Vorgaben für die bauliche Durchführung machen, die der Wohnungseigentümer zu berücksichtigen hat (zum Beispiel die Verwendung bestimmter Materialien oder die Vorgabe, Kabel unter Putz zu verlegen). Dadurch kann auch sichergestellt werden, dass bauliche Veränderungen mehrerer Wohnungseigentümer technisch kompatibel sind. Die Wohnungseigentümer können aber auch beschließen, dass die Bauausführung durch die Gemeinschaft der Wohnungseigentümer auf Kosten des bauwilligen Wohnungseigentümers erfolgt.

Die Entscheidungsmacht der Wohnungseigentümer ist nicht schrankenlos, sondern wird durch die Vorgaben ordnungsmäßiger Verwaltung beschränkt. Aufgrund der Vielgestaltigkeit der denkbaren Fälle macht der Entwurf keine darüberhinausgehenden Vorgaben. Im Rahmen der Prüfung der Ordnungsmäßigkeit sind alle Umstände des Einzelfalls, etwa Belange behinderter Wohnungseigentümer, zu berücksichtigen."

Somit liegt es im **Ermessen** der Gemeinschaft der Wohnungseigentümer, ob diese den Individualanspruch nach § 20 Abs. 2 WEG dadurch erfüllen, dass sie die bauliche Veränderung selbst vornehmen oder dem jeweiligen Wohnungseigentümer die bauliche Veränderung gestatten, so dass dieser die Maßnahme durchzuführen hat. Im Rahmen der Beschlussersetzungsklage hat das Gericht dieses Ermessen auszufüllen. 28

Hinsichtlich der ersten Variante (Gebrauch durch Menschen mit **Behinderung**) kann auf die bisherige Rechtsprechung zu § 554a Abs. 1 S. 1 BGB aF verwiesen werden.[37] Ob und in welchem Umfang der Wohnungseigentümer oder einer seiner Angehörigen auf die Maßnahme angewiesen ist, soll keine Rolle spielen. Durch diese abstrakte Betrachtungsweise sollen nicht nur Streitigkeiten über die Notwendigkeit im Einzelfall vermieden, sondern auch dem gesamtgesellschaftlichen Bedürfnis nach barrierefreiem oder jedenfalls barrierereduziertem Wohnraum Rechnung getragen werden.[38] 29

Die zweite Variante betrifft bauliche Veränderungen, die dem **Laden elektrisch betriebener Fahrzeuge** dienen. Insoweit ist eines der Kernanliegen der Novelle angesprochen. Dem Laden elektrisch betriebener Fahrzeuge dienen alle baulichen Veränderungen, die es ermöglichen, die Batterie eines solchen Fahrzeugs zu laden.[39] Dazu zählt insbesondere die Installation einer **Ladestation**. 30

Häufig werden in diesem Zusammenhang aber noch weitergehende Arbeiten erforderlich sein. Beansprucht werden können deswegen auch die Verlegung von Leitungen und Eingriffe in die **Stromversorgung** oder die **Telekommunikationsinfrastruktur**, die für eine sinnvolle Nutzung erforderlich sind.[40] Sowohl Lademöglichkeit als auch Fahrzeug sind autonom ohne Rückgriff auf andere Regelwerke zu bestimmen. Erfasst sind neben den im EmoG genannten Fahrzeugen etwa auch elektrisch betriebene Zweiräder oder spezielle Elektromobile für Menschen mit Gehbehinderungen.[41] Schon vor dem WEMoG war erkannt worden, dass Kapazitätsprobleme auftreten können und rechtlich geregelt werden müssen.[42] Nach Meinung des Gesetzgebers sollen diese folgendermaßen gelöst werden: Entweder teilen sich alle an der Nutzung interessierten Wohnungseigentümer die beschränkten Kapazitäten der bestehenden Elektroinstallation oder sie rüsten diese gemeinsam auf und tragen auch die dafür notwendigen Kosten gemeinsam.[43] Dieses Ergebnis entspricht den Forderungen des Gleichbehandlungsgrundsatzes.

---

37 ZB KG 15.6.2009 – 8 U 245/08, NZM 2010, 197; LG Berlin 30.10.2019 – 64 S 79/19, MM 2020 Nr. 3, 28.
38 BT-Drs. 19/18791, 61.
39 BT-Drs. 19/18791, 61 f.
40 BT-Drs. 19/18791, 61; *Hügel/Elzer* WEG § 20 Rn. 77.
41 BT-Drs. 19/18791, 62.
42 Vgl. *Dötsch* AnwZert MietR 15/2016 Anm. 2.
43 BT-Drs. 19/18791, 62; *Hügel/Elzer* WEG § 20 Rn. 84.

31 Von der dritten Variante (**Einbruchsschutz**) sind bauliche Veränderungen erfasst, die geeignet sind, den widerrechtlichen Zutritt zu einzelnen Wohnungen oder zu der Wohnanlage insgesamt zu verhindern, zu erschweren oder jedenfalls unwahrscheinlicher zu machen.[44] Hierzu ist insbesondere die Installation einer Alarmanlage zu zählen. Darüber hinaus können aber auch Einzelmaßnahmen wie die Installation von einbruchshemmenden Schutztüren, Nachrüsten der Türblätter, Türrahmen, Türbänder, Türschlösser, Beschläge, Schließbleche, Installation von Einsteckschlössern, Schutzbeschläge, Zusatzschlössern, Mehrfachverriegelung, Querriegelschloss, einbruchshemmender Verglasung pp. unter die Vorschrift fallen. Der Einbruchsschutz von Rollläden ist zwar nur marginal. Allerdings kann selbst die Installation von Rollläden bspw. im Erdgeschoss unter die Vorschrift fallen, da es als ausreichend zu erachten ist, wenn ein widerrechtlicher Zutritt lediglich „**unwahrscheinlicher** gemacht" wird.

32 Die vierte Variante umfasst bauliche Veränderungen, die dem Wohnungseigentümer in seinem Sondereigentum die Nutzung eines **Telekommunikationsnetzes** eröffnen, das entweder komplett aus Glasfaserkomponenten zumindest bis zum Verteilerpunkt am Ort der Nutzung besteht oder das zu üblichen Spitzenlastzeiten eine ähnliche Netzleistung in Bezug auf die verfügbare Downlink- und Uplink-Bandbreite, Ausfallsicherheit, fehlerbezogene Parameter, Latenz und Latenzschwankung bieten kann.[45]

33 Auch die Varianten gem. § 20 Abs. 2 Nr. 2 bis Nr. 4 WEG können von den Wohnungseigentümern geltend gemacht werden, ohne ein eigenes unmittelbares Interesse hieran nachweisen zu müssen.

34 § 20 Abs. 2 WEG setzt ferner die **Angemessenheit** der baulichen Veränderung voraus. Der Gesetzesentwurf[46] führt hierzu wie folgt aus:

> „Bei dem alle Nummern betreffenden Merkmal der Angemessenheit handelt es sich um einen **unbestimmten Rechtsbegriff**. Er ermöglicht es im Einzelfall, objektiv unangemessene Forderungen zurückzuweisen. Wann eine Maßnahme unangemessen ist, kann nur im Einzelfall unter Berücksichtigung aller Umstände entschieden werden. Ein Entscheidungsermessen oder Einschätzungsspielraum wird den Wohnungseigentümern dadurch aber nicht eingeräumt."

35 Der Individualanspruch nach § 20 Abs. 3 WEG ist an die bisherige Regelung des § 22 Abs. 1 WEG aF angelehnt. Jeder Wohnungseigentümer kann verlangen, dass ihm eine bauliche Veränderung gestattet wird, wenn alle Wohnungseigentümer, deren Rechte durch die bauliche Veränderung über das bei einem geordne-

---

44 BT-Drs. 19/18791, 62.
45 Vgl. BT-Drs. 19/18791, 62 f.
46 BT-Drs. 19/18791, 61.

ten Zusammenleben unvermeidliche Maß hinaus beeinträchtigt werden, einverstanden sind. In der Gesetzesbegründung[47] ist hierzu wie folgt zu lesen:

„§ 20 Absatz 3 begründet einen Anspruch auf Gestattung einer baulichen Veränderung, durch die kein Wohnungseigentümer in rechtlich relevanter Weise beeinträchtigt wird. Eine Beeinträchtigung ist rechtlich nicht relevant, wenn sie nicht über das bei einem geordneten Zusammenleben unvermeidliche Maß hinausgeht oder die über dieses Maß hinaus beeinträchtigten Wohnungseigentümer einverstanden sind. Das Maß der von vornherein nicht relevanten Beeinträchtigung entspricht dabei dem geltenden Recht (vergleiche § 22 Absatz 1 WEG-E); die sprachliche Anpassung ist lediglich dem geänderten § 14 geschuldet. Allerdings kann sich die Beeinträchtigung nicht mehr aus den Kosten einer baulichen Veränderung oder ihren Folgekosten ergeben. Denn nach § 21 Absatz 1 WEG-E sind diese Kosten einschließlich der Folgekosten allein von dem bauwilligen Wohnungseigentümer zu tragen.

Bei Beeinträchtigungen, die über dieses Maß hinausgehen, kommt es auf das Einverständnis der beeinträchtigten Wohnungseigentümer an. Der Entwurf spricht dabei bewusst von einem Einverständnis, da es nicht um die Zustimmung zu einem Rechtsgeschäft, sondern um das Einverstanden-Sein mit einem Rechtseingriff geht. Das Einverständnis ist deshalb auch keine Willenserklärung, sondern eine rechtsgeschäftsähnliche Handlung. Eine besondere Form für die Erklärung schreibt der Entwurf nicht vor; im Streitfall obliegt es dem Anspruchsteller, das erforderliche Einverständnis darzulegen und zu beweisen.

Inhalt des Anspruchs ist ein Gestattungsbeschluss nach § 20 Absatz 1. Eine bauliche Veränderung, durch die kein Wohnungseigentümer in rechtlich relevanter Weise beeinträchtigt wird, ist dem Bauwilligen daher durch Beschluss zu gestatten. Die Wohnungseigentümer haben dabei – anders als nach § 20 Absatz 2 Satz 2 – kein Ermessen, über die Durchführung der baulichen Veränderung zu entscheiden. Ein solches Ermessen ist mangels relevanter Beeinträchtigung nicht gerechtfertigt. Hinsichtlich des Verlangens gelten die Ausführungen zu § 20 Absatz 2 Satz 1 entsprechend.

Der Anspruch kann im Wege einer Beschlussersetzungsklage durchgesetzt werden (§ 44 Absatz 1 Satz 2 WEGE). Der Klageantrag muss sich dabei auf eine konkrete bauliche Veränderung samt der Art ihrer Durchführung beziehen; ein Ermessen des Gerichts hinsichtlich der Durchführung besteht genauso wenig wie ein Ermessen der Wohnungseigentümer.

Der einleitende Satzteil stellt klar, dass der Anspruch nach § 20 Absatz 3 in Konkurrenz zu einem Anspruch nach § 20 Absatz 2 stehen kann. Dazu kann

---

47 BT-Drs. 19/18791, 65 f.

es kommen, wenn eine nach Absatz 2 privilegierte Maßnahme keine relevante Beeinträchtigung auslöst. Im Falle der Anspruchskonkurrenz wird der Wohnungseigentümer freilich seinen Anspruch in der Regel auf § 20 Absatz 3 stützen, da er in dessen Rahmen mangels einer dem § 20 Absatz 2 Satz 2 entsprechenden Vorschrift frei über die Art der Durchführung der Maßnahme entscheiden kann."

36 § 20 Abs. 3 WEG ist folglich nur auf **Gestattung** gerichtet; nicht verlangt werden kann, dass die Wohnungseigentümer die bauliche Veränderung anstelle des Wohnungseigentümers durchführen, wie es im Rahmen des § 20 Abs. 2 WEG möglich ist.

37 Das **Einverständnis** soll keine Willenserklärung, sondern eine rechtsgeschäftsähnliche Handlung sein. Einer besonderen Form bedarf es an sich nicht. Fraglich ist, ob das Einverständnis auch konkludent erklärt werden kann und ob ein einmal geäußertes Einverständnis widerrufen werden kann bspw. durch Ablehnung des Beschlusses. Erstes ist wohl abzulehnen, Letzteres allerdings ebenfalls[48], da der bisherige Begriff der „Zustimmung" gerade nicht beibehalten werden sollte. Ein Mehrwert zu der bisherigen Begrifflichkeit in § 22 Abs. 1 WEG aF „Zustimmung" ist auf den ersten Blick nicht erkennbar. Aus Beweisgründen sollte grundsätzlich immer ein Einverständnis zumindest in Textform angestrebt werden.

38 Wie die Zustimmung im Sinne des § 22 Abs. 1 WEG aF ist das Einverständnis der ordnungsgemäßen Verwaltung zuzuordnen und führt nicht zu einem abweichenden Quorum.[49]

39 Anders als bei § 20 Abs. 2 S. 2 WEG haben die Wohnungseigentümer im Rahmen des § 20 Abs. 3 WEG kein Ermessen, über die Durchführung der baulichen Veränderung zu entscheiden. Ein solches Ermessen ist mangels relevanter Beeinträchtigung nicht gerechtfertigt.[50]

40 § 20 Abs. 2 und Abs. 3 WEG können in **Anspruchskonkurrenz** treten, wenn eine privilegierte Maßnahme keine relevante Beeinträchtigung auslöst bzw. die erforderlichen Einverständnisse vorliegen. Dem Wohnungseigentümer steht es frei, sich auf § 20 Abs. 2 WEG oder § 20 Abs. 3 WEG zu berufen. Der Anspruch gemäß § 20 Abs. 3 WEG ist im Hinblick auf die Rechtsfolgen (→ Rn. 36) der Weitergehende. Es sollte möglich sein, beide Ansprüche miteinander zu verbinden, bspw. indem diese im Rahmen einer Beschlussersetzungsklage in ein hilfsweises Verhältnis gesetzt werden. Ggf. ist in einer Beschlussersetzungsklage, die auf eine

---

48 AA *Hügel/Elzer* WEG § 20 Rn. 138: widerruflich bis zur Beschlussfassung; s. aber § 130 Abs. 1 S. 2 BGB, der entsprechende Anwendung auf geschäftsähnliche Handlungen findet (vgl. BeckOK BGB/*Wendtland* BGB § 130 Rn. 3 mwN).
49 BGH 29.5.2020 – V ZR 141/19, BeckRS 2020, 15562.
50 BT-Drs. 19/18791, 63.

bauliche Veränderung iSd § 20 Abs. 3 WEG gerichtet ist, auch der Anspruch nach § 20 Abs. 2 WEG *a majore ad minus* enthalten.

Die Veränderungssperre des § 20 Abs. 4 WEG (→ Rn. 15) gilt auch im Rahmen der § 20 Abs. 2 und 3 WEG; sie schließt folglich einen Anspruch nach § 20 Abs. 2 und 3 WEG aus. 41

b) „Bauliche Veränderungen" des Sondereigentums

Mit der **partiellen Rechtsgrundverweisung** des § 13 Abs. 2 WEG, der auf § 20 WEG verweist, wird die „bauliche Veränderung" des Sondereigentums eingeführt. Der Begriff der baulichen Veränderung wird nur deshalb in § 13 Abs. 2 WEG nicht verwendet, weil dieser nach § 20 Abs. 1 WEG auf das gemeinschaftliche Eigentum begrenzt ist[51] und im Hinblick auf das gemeinschaftliche Eigentum eigentlich eine systemfremde Anomalie wäre. 42

Für Maßnahmen, die über die ordnungsmäßige Instandhaltung und Instandsetzung (Erhaltung) des Sondereigentums hinausgehen, gilt hiernach § 20 WEG mit der Maßgabe entsprechend, dass es keiner **Gestattung** bedarf, soweit die Rechte anderer Wohnungseigentümer nicht über das bei einem geordneten Zusammenleben unvermeidliche Maß hinaus beeinträchtigt werden. 43

Ein Wohnungseigentümer, dem durch eine bauliche Maßnahme am Sondereigentum eines anderen Wohnungseigentümers über das bei einem geordneten Zusammenleben unvermeidliche Maß hinaus ein Nachteil erwächst, konnte nach bisheriger Rechtslage sowohl nach § 15 Abs. 3 WEG aF als auch nach § 1004 BGB die Unterlassung der Beeinträchtigung verlangen.[52] Ein nach § 14 Nr. 1 WEG aF nicht hinzunehmender Nachteil lag nach der Rechtsprechung jedenfalls im Grundsatz vor, wenn eine bauliche Maßnahme am Sondereigentum auf den **optischen Gesamteindruck** des Gebäudes ausstrahlte und diesen erheblich veränderte.[53] 44

Durch § 13 Abs. 2 WEG soll ein Gleichlauf zu den baulichen Veränderungen an dem gemeinschaftlichen Eigentum sichergestellt werden. Die Vorschrift wurde auch deswegen notwendig, da das Gesetz in § 3 Abs. 2 WEG nunmehr die Möglichkeit vorsieht, an **Freiflächen** Sondereigentum zu begründen (→ Rn. 261 ff.)[54] und damit häufig nicht unerhebliche Interessenkollisionen verbunden sein werden. 45

Soweit die Rechte anderer Wohnungseigentümer über das bei einem geordneten Zusammenleben unvermeidliche Maß hinaus beeinträchtigt werden, gilt § 20 WEG grundsätzlich vollumfänglich. 46

---

51 Vgl. BT-Drs. 19/18791, 49.
52 BGH 18.11.2016 – V ZR 49/16, NJW 2017, 2184; *Abramenko* ZMR 2017, 545.
53 BGH 18.11.2016 – V ZR 49/16, NJW 2017, 2184.
54 Vgl. hierzu bereits Abschlussbericht der Bund-Länder-Arbeitsgruppe zur WEG-Reform ZWE 2019, 429 (437).

47 Ein Individualanspruch des Wohnungseigentümers auf Gestattung der baulichen Veränderung des Sondereigentums kann sich daher sowohl aus § 20 Abs. 2 und Abs. 3 WEG ergeben. Die **Veränderungssperre** des § 20 Abs. 4 WEG findet ebenso Berücksichtigung. Die Gemeinschaft der Wohnungseigentümer kann allerdings die bauliche Veränderung des Sondereigentums nicht selbst durchführen; es verbleibt lediglich die Gestattung im Sinne des § 20 Abs. 1 WEG.

48 Ergibt sich zugunsten des Wohnungseigentümers ein Individualanspruch aus den §§ 13 Abs. 2, 20 Abs. 2 S. 1 WEG, ist fraglich, inwieweit § 20 Abs. 2 S. 2 WEG Anwendung findet, dh ob die Wohnungseigentümer im Rahmen ihres **Ermessensspielraums** detaillierte Vorgaben für die bauliche Durchführung machen können, die der Wohnungseigentümer zu berücksichtigen hat. § 20 Abs. 2 S. 2 WEG bestimmt, dass über die Durchführung der baulichen Veränderung im Rahmen ordnungsmäßiger Verwaltung zu beschließen ist. Die ordnungsgemäße Verwaltung betrifft aber nur das gemeinschaftliche Eigentum (§ 18 Abs. 2 WEG). Zwar ordnet § 13 Abs. 2 WEG lediglich die entsprechende Anwendung des § 20 WEG an, es mutet jedoch etwas sonderbar an, dass die Wohnungseigentümer im Rahmen ordnungsgemäßer Verwaltung über die Art und Weise der baulichen Veränderung des Sondereigentums entscheiden können sollten. Hiermit wäre auch ein nicht unerheblicher Eingriff in die Eigentumsrechte des jeweiligen betroffenen Sondereigentümers verbunden.

49 Im Rahmen der §§ 13 Abs. 2, 20 WEG wird sich in der Zukunft immer wieder die Frage stellen, inwieweit sich die Wohnungseigentümer unter dem Gesichtspunkt des **Gleichbehandlungsgrundsatzes**[55] auch für künftige Fälle binden, sofern einzelnen Wohnungseigentümern eine bauliche Veränderung gestattet wurde, die andere Eigentümer später ebenfalls für sich wünschen. Eine solche Selbstbindung erscheint zumindest nicht fernliegend.

c) Nutzungen und Kosten bei baulichen Veränderungen

50 Für Nutzungen und Kosten der baulichen Veränderungen gilt gem. § 16 Abs. 3 WEG die neu eingeführte Vorschrift des § 21 WEG. Die Vorschrift ist von dem **Gedanken** getragen, Wohnungseigentümer finanziell zu schützen, die bestimmte bauliche Veränderungen ablehnen.[56]

51 § 21 WEG unterscheidet in Abs. 1 bis 3 drei verschiedene Arten von baulichen Veränderungen.[57]

52 Die Kosten einer baulichen Veränderung, die einem Wohnungseigentümer gestattet oder die auf sein Verlangen nach § 20 Abs. 2 WEG durch die Gemeinschaft der Wohnungseigentümer durchgeführt wurde, hat dieser Wohnungseigentümer

---

55 Vgl. zum Gleichbehandlungsgrundsatz BGH – V ZR 234/11, NZM 2013, 195; Schreiber/Ruge/*Ruge*, Kapitel 9 Rn. 38 ff.; *Elzer* AnwZert MietR 8/2013 Anm 2.
56 Vgl. BT-Drs. 19/18791, 60, 65.
57 Vgl. BT-Drs. 19/18791, S. 65.

gem. § 21 Abs. 1 WEG selbst zu tragen. Eine „**Gestattung**" iSd § 20 Abs. 1 WEG wird sich hierbei aus dem Beschlusstenor ergeben. Ein **Verlangen** eines Wohnungseigentümers sollte zu Beweiszwecken ebenfalls im Beschlusstenor festgehalten werden.

Geht die Gestattung auf das Verlangen mehrerer Wohnungseigentümer zurück, haben sie die Kosten nach dem Verhältnis ihrer **Anteile** zu tragen,[58] sofern die Wohnungseigentümer nicht nach § 21 Abs. 5 S. 1 WEG eine abweichende Verteilung der Kosten regeln. Anteil in diesem Sinne ist der Miteigentumsanteil (§ 16 Abs. 1 S. 2 WEG). Hat zunächst die Gemeinschaft die Kosten beglichen, erfolgt eine Weiterbelastung an den oder die betroffenen Eigentümer im Wege der Sonderumlage oder der Jahresabrechnung. 53

Sofern § 21 Abs. 1 WEG nicht einschlägig ist („Vorbehaltlich des Absatzes 1") – und nur dann – haben nach § 21 Abs. 2 WEG alle Wohnungseigentümer die Kosten einer baulichen Veränderung nach dem Verhältnis ihrer Anteile (§ 16 Abs. 1 S. 2 WEG) zu tragen, die mit mehr als zwei Dritteln der abgegebenen Stimmen und der Hälfte aller Miteigentumsanteile beschlossen wurde, es sei denn, die bauliche Veränderung ist mit unverhältnismäßigen Kosten verbunden (Nr. 1) oder deren Kosten sich innerhalb eines angemessenen Zeitraums amortisieren (Nr. 2). 54

Der Gesetzesentwurf der Bundesregierung sah unter § 21 Abs. 2 Nr. 1 WEG-E noch vor, dass alle Wohnungseigentümer die Kosten einer baulichen Veränderung nach dem Verhältnis ihrer Anteile zu tragen haben, wenn sie der Anpassung an den Zustand dient, der bei Anlagen vergleichbarer Art in der Umgebung üblich ist. Diese Regelung wurde in der Beschlussempfehlung des Ausschusses für Recht und Verbraucherschutz[59] durch die nunmehr in Kraft getretene Regelung ersetzt. Die Beschlussempfehlung führt hierzu wie folgt aus:[60] 55

> „Gegen den Vorschlag aus dem Regierungsentwurf, wonach die Kosten einer baulichen Veränderung dann von allen Wohnungseigentümern zu tragen sind, wenn sie der Anpassung an den Zustand dient, der bei Anlagen vergleichbarer Art in der Umgebung üblich ist, hat der Rechtsausschuss Bedenken. Die Vorschrift könnte einerseits zu weitgehende Folgen haben (in einer Umgebung mit sehr hohem baulichen Standard), andererseits die Entwicklung der konkreten Wohnanlage behindern (in einer Umgebung mit sehr niedrigem baulichen Standard). Stattdessen schlägt der Ausschuss vor, dass die Kosten einer baulichen Veränderung nach § 21 Absatz 2 Satz 1 Nummer 1 grundsätzlich von allen Wohnungseigentümern zu tragen sein sollen, wenn die bauliche Veränderung mit zwei Dritteln der abgegebenen Stimmen und

---

58 Vgl. BT-Drs. 19/18791, 66; *Hügel/Elzer* WEG § 21 Rn. 12.
59 BT-Drs. 19/22634.
60 BT-Drs. 19/22634, 44 f.

der Hälfte aller Miteigentumsanteile beschlossen wurde, also der Beschluss nach § 20 Absatz 1 eine solche Mehrheit erreicht hat.

Dieser Regelung liegt der Gedanke zugrunde, dass eine bauliche Veränderung, die von einem so großen Teil der Wohnungseigentümer befürwortet wird, typischerweise sinnvoll und angemessen ist und deshalb von allen Wohnungseigentümern bezahlt werden sollte. Diese Vermutung kann aber widerlegt werden. Ist die bauliche Veränderung mit unverhältnismäßigen Kosten verbunden, scheidet eine Kostentragung der überstimmten Minderheit aus. Maßgeblich sind dabei nicht nur die zu erwartenden Baukosten, sondern auch die zu erwartenden Folgekosten für Gebrauch und Erhaltung. Diese Kosten sind in das Verhältnis zu den Vorteilen zu setzen, die die bauliche Veränderung verspricht. Dies verlangt eine wertende Betrachtung. Dabei ist ein objektiver, auf die konkrete Anlage bezogener Maßstab anzulegen. Entscheidend sind deshalb nicht die Bedürfnisse und finanziellen Mittel des einzelnen überstimmten Wohnungseigentümers, sondern die der Gesamtheit der Wohnungseigentümer in der Anlage. Je nach Charakter der Anlage und der Alters- und Sozialstruktur der Wohnungseigentümer kann die Bewertung unterschiedlich ausfallen. Bei besonders hohen Kosten ist eine Unverhältnismäßigkeit auch dann nicht ausgeschlossen, wenn alle Wohnungseigentümer finanziell in der Lage sind, diese Kosten zu tragen.

Wie bei § 21 Absatz 2 Satz 1 Nummer 2 kommt es allein auf die ex-ante-Beurteilung zum Zeitpunkt der Beschlussfassung an, also auf die zu erwartenden Kosten; die sich erst später zeigenden tatsächlichen Kosten spielen dagegen keine Rolle.

Die negative Formulierung bringt zum Ausdruck, dass derjenige die Unverhältnismäßigkeit zu beweisen hat, der sie behauptet. Der Rechtsausschuss verkennt nicht, dass diese Regelung dazu führen kann, dass die individuelle Kostentragungspflicht erst nach der Beschlussfassung feststeht, wenn nämlich im Vorfeld nicht abgeschätzt werden kann, ob das Quorum erreicht wird. Dieses Problem kann durch eine geeignete Gestaltung des Abstimmungsverfahrens gelöst werden. Insbesondere in kleineren Gemeinschaften kann es sinnvoll sein, die Abstimmung im Subtraktionsverfahren vorzunehmen. Dabei wird nicht nach den „Ja"-Stimmen, sondern nach den „Nein"-Stimmen gefragt. So kann jeder Wohnungseigentümer, wenn er sieht, dass die Zahl der „Nein"-Stimmen ein Drittel übersteigt, das Quorum also nicht erreicht werden kann, seine Hand auch noch heben. Daneben ist es auch möglich, den Beschluss über die bauliche Veränderung unter die Bedingung einer entsprechenden Kostentragung zu stellen. Jeder Wohnungseigentümer, der die Baumaßnahme befürwortet, sich aber höchstens entsprechend seinem Miteigentumsanteil an den Kosten beteiligen möchte, kann dann bedenkenlos mit

„Ja" stimmen, denn wirksam wird der Beschluss eben nur dann, wenn es nach dem Stimmverhalten zu einer entsprechenden Kostentragung durch alle Wohnungseigentümer kommt."

Alle Wohnungseigentümer haben die Kosten gemäß § 21 Abs. 2 Nr. 2 WEG auch dann nach dem Verhältnis ihrer Anteile zu tragen, wenn sich die Kosten der baulichen Veränderung innerhalb eines angemessenen Zeitraums amortisieren. Die Gesetzesbegründung[61] führt hierzu wie folgt aus: 56

„Der angemessene Zeitraum, innerhalb dessen sich die Kosten im Sinne des § 21 Absatz 2 Satz 1 Nummer 2 amortisieren müssen, wird nicht gesetzlich festgeschrieben. Die von der Rechtsprechung zur sogenannten modernisierenden Instandsetzung entwickelte Annahme, wonach der Zeitraum im Regelfall 10 Jahre betragen soll (BGH Urt. v. 14.12.2012 – V ZR 224/11 Randnummer 10), ist nicht statisch zu übertragen. Der Zeitraum kann in Abhängigkeit von der konkreten Maßnahme auch überschritten werden, etwa um sinnvolle Maßnahmen der energetischen Sanierung auf Kosten aller Wohnungseigentümer zu ermöglichen.

Maßgeblich ist in jedem Fall die ex-ante-Beurteilung zum Zeitpunkt der Beschlussfassung; ob die Amortisierung später tatsächlich eintritt, spielt dagegen keine Rolle.

Amortisieren müssen sich von vornherein nur die Aufwendungen, die andernfalls nicht anfallen würden. Tritt eine bauliche Veränderung an die Stelle einer sonst notwendigen Erhaltungsmaßnahme, müssen sich also nur die durch die bauliche Veränderung entstehenden Mehrkosten amortisieren. Dadurch fügen sich auch die Fälle der sogenannten modernisierenden Instandsetzung nahtlos in das System des Entwurfs ein. Eine modernisierende Instandsetzung setzt begrifflich voraus, dass sich die dafür notwendigen Kosten innerhalb eines angemessenen Zeitraums amortisieren. Eine modernisierende Instandsetzung kann demnach – wie jede bauliche Veränderung – mit einfacher Mehrheit beschlossen werden (vergleiche § 20 Absatz 1 WEG-E); ihre Kosten sind von allen Wohnungseigentümern zu tragen, wenn sich die Kosten innerhalb eines angemessenen Zeitraums amortisieren."

Sofern weder § 21 Abs. 1 noch Abs. 2 WEG einschlägig ist, greift die Auffangregelung des § 21 Abs. 3 WEG, wonach die Kosten der baulichen Veränderungen diejenigen Wohnungseigentümer tragen, die sie beschlossen haben, und zwar nach dem Verhältnis ihrer Anteile. 57

---

61 BT-Drs. 19/18791, 69.

58 Die Befugnis zur **Nutzungsziehung** verläuft parallel zur Kostentragungspflicht.[62] Zu den Nutzungen sollen grundsätzlich auch die Gebrauchsvorteile[63] gehören, so dass die übrigen Wohnungseigentümer vom Gebrauch ausgeschlossen sind. Dies soll allerdings voraussetzen, dass ein exklusiver Gebrauch des baulich veränderten gemeinschaftlichen Eigentums überhaupt möglich ist.[64] Denn nicht jeder Vorteil, den ein Wohnungseigentümer aufgrund der baulichen Veränderung genießt, ist rechtlich als Gebrauch im Sinne des § 21 WEG einzuordnen. Ein Wohnungseigentümer, der etwa in den Genuss eines neu errichteten Zauns, eines überdachten Eingangsbereichs oder einer besonders gesicherten Hauseingangstür kommt, ohne dass er sich dem entziehen könnte, handelt daher nicht rechtswidrig und ist auch nicht zur Kostentragung verpflichtet, wenn er der baulichen Veränderung nicht zugestimmt hat.[65] Eine **exklusive Nutzung** dürfte vornehmlich nur in Bereichen möglich sein, die einem Sondernutzungsrecht unterliegen. Daneben kommen aber auch Bereiche in Betracht, die der einzelne Wohnungseigentümer nicht zwangsläufig nutzen muss, um zu seiner Wohnung oder anderen gemeinschaftlichen Einrichtungen zu gelangen, bspw. eine Sauna im Keller.

59 Nach § 21 Abs. 4 WEG kann ein Wohnungseigentümer, der nach § 21 Abs. 1 oder 3 WEG nicht berechtigt ist, Nutzungen zu ziehen, verlangen, dass ihm dies nach billigem Ermessen gegen **angemessenen Ausgleich** gestattet wird. Durch § 21 Abs. 4 WEG soll gewährleistet werden, dass einzelne Wohnungseigentümer noch nachträglich in den Genuss der Vorteile der baulichen Maßnahme kommen können. Dies verleitet allerdings dazu, eine Maßnahme zunächst abzulehnen und dann zu schauen, ob sich aus ihr möglicherweise doch ein Vorteil oder Mehrwert ergibt.

60 Die Gestattung nach § 21 Abs. 4 WEG erfolgt durch Beschluss. Der angemessene Ausgleich soll in diesem Beschluss festgesetzt werden.[66] Er wird sich grundsätzlich auf die anteiligen **Baukosten** und die bisherigen **Erhaltungskosten** beziehen, wobei Verschlechterungen zu berücksichtigen sind. Gezahlt wird der Ausgleich an die Gemeinschaft der Wohnungseigentümer. Er kommt im Rahmen der Jahresabrechnung denjenigen Wohnungseigentümer zugute, die die auszugleichenden Kosten ursprünglich getragen haben. Für die zukünftigen Nutzungen und Kosten ist nach § 21 Abs. 4 S. 2 WEG eine entsprechende Anwendung des § 21 Abs. 3 WEG vorgesehen.

61 § 21 Abs. 5 WEG ermöglicht den Wohnungseigentümern eine **abweichende Verteilung** der Kosten und Nutzungen. Durch einen Beschluss nach § 21 Abs. 5 S. 2 WEG dürfen aber keinem Wohnungseigentümer, der nicht schon nach den ge-

---

62 BT-Drs. 19/18791, 65.
63 Vgl. § 100 BGB.
64 BT-Drs. 19/18791, 65.
65 BT-Drs. 19/18791, 67.
66 BT-Drs. 19/18791, 68.

setzlichen Vorschriften zur Kostentragung verpflichtet ist, Kosten auferlegt werden.

Durch die komplexe Kostenregelung in § 21 WEG ist jedenfalls mit der Zeit eine Zersplitterung der Jahresabrechnung in unterschiedlichste Kostengruppen zu befürchten. Streitfragen im Zusammenhang mit der Kostenlast werden sich in der Regel im Rahmen der Jahresabrechnungen ergeben. 62

d) Duldungspflicht Dritter bei baulichen Veränderungen

Neu durch das WEMoG geschaffen wurden die **Pflichten Dritter** (§ 15 WEG). Gem. § 15 Nr. 2 WEG haben Dritte, die das Wohnungseigentum gebrauchen, ohne selbst Wohnungseigentümer zu sein, Maßnahmen, die über die Erhaltung hinausgehen – also bauliche Veränderungen – und die spätestens drei Monate vor ihrem Beginn in Textform angekündigt wurden, gegenüber der Gemeinschaft und den anderen Wohnungseigentümern zu dulden. § 555 c Abs. 1 S. 2 Nr. 1 und 2, Abs. 2 bis 4 BGB und § 555 d Abs. 2 bis 5 BGB gelten insoweit entsprechend. 63

Die Vorschrift betrifft vornehmlich, aber nicht nur, **Mieter**. Der Gesetzgeber hat mit § 15 WEG einen direkten Duldungsanspruch der Gemeinschaft der Wohnungseigentümer einerseits und der Wohnungseigentümer andererseits geschaffen. 64

Bei vermietetem Wohnungseigentum bestehen selbstständige Rechtsbeziehungen zwischen der Wohnungseigentümergemeinschaft und dem einzelnen Wohnungseigentümer auf der einen Seite und dem Wohnungseigentümer und seinem Mieter auf der anderen Seite. Blockierte der Mieter bauliche Veränderungen, konnte die Gemeinschaft der Wohnungseigentümer vornehmlich den Wohnungseigentümer, dessen Flächen vermietet waren, in Anspruch nehmen. Sie hatte gegen den vermietenden Wohnungseigentümer einen Duldungs- sowie einen **Beseitigungs-** und **Unterlassungsanspruch** aus §§ 14 Nr. 2, 15 Abs. 3 WEG aF. Dieser konnte von der Gemeinschaft verpflichtet werden, im Rahmen des ihm Möglichen und Zumutbaren darauf hinzuwirken, dass die im Verhältnis zur Rechtslage in der Wohnungseigentümergemeinschaft unzulässige Blockade der Ausführung beschlossener Baumaßnahmen unterlassen wird.[67] Um den Duldungsanspruch erfüllen zu können, musste sich der vermietende Wohnungseigentümer wiederum an den Mieter halten und seinen Anspruch auf Duldung nach § 555 d Abs. 1 BGB geltend machen. 65

Problematisch wurde es, wenn eine **Divergenz** zwischen den Duldungspflichten des vermietenden Wohnungseigentümers und den Duldungspflichten des Mieters 66

---

67 *Horst* NZM 2012, 289 mwN.

auftrat, sei es weil die Maßnahme nicht unter § 555 b BGB fiel oder die Duldungspflicht des Mieters nach § 555 d Abs. 2 BGB nicht bestand.[68]

67 Insoweit wurde bisher teilweise angenommen, dass der Mieter gegenüber dem vermietenden Wohnungseigentümer aus § 242 BGB verpflichtet sei, entsprechende Maßnahme zu dulden.[69]

68 Teilweise wurde darüber hinaus angenommen, die Gemeinschaft der Wohnungseigentümer habe einen direkten Duldungsanspruch gegenüber dem Mieter aus § 1004 BGB.[70]

69 Die Diskussion über einen Direktanspruch der Gemeinschaft der Wohnungseigentümer hat die Bund-Länder-Arbeitsgruppe zur WEG-Reform aufgenommen. Ihr Abschlussbericht[71] bezieht insoweit folgendermaßen Stellung:

> „Das Gesetz regelt die Pflicht des Mieters, Baumaßnahmen zu dulden, nur gegenüber seinem Vermieter (§ 555 a, § 555 d BGB). Beruht die Gebrauchsüberlassung auf einem anderen Rechtsgeschäft, finden sich dort teilweise vergleichbare Duldungsansprüche (zB § 1044 BGB für Nießbrauchsberechtigte, der über § 1093 Absatz 1 Satz 2 BGB auch für Wohnungsberechtigte gilt). Unter welchen Voraussetzungen ein Fremdnutzer gegenüber der Gemeinschaft der Wohnungseigentümer zur Duldung von Baumaßnahmen am Gemeinschaftseigentum verpflichtet ist, hat der BGH noch nicht abschließend geklärt, indes mitgeteilt, dass er dazu neige, eine solche Pflicht aus § 1004 BGB abzuleiten (BGH ZWE 2015, 376). In der Literatur wird für den Fall der Vermietung teilweise als Gegenposition vertreten, dass den Wohnungseigentümern ein Duldungsanspruch analog § 555 a bzw. § 555 d BGB gegen den Mieter zustehe bzw. die Gemeinschaft der Wohnungseigentümer den mietrechtlichen Duldungsanspruch über § 10 Absatz 6 Satz 3 WEG per Beschluss vergemeinschaften könne.
>
> Für eine gesetzliche Lösung des Problems spricht aus Sicht der Arbeitsgruppe das Bedürfnis nach Rechtssicherheit, insbesondere mit Blick auf die von der Arbeitsgruppe empfohlenen Änderungen im Beschlussrecht der baulichen Maßnahmen. Demnach sollen bauliche Veränderungen mit einfacher Stimmenmehrheit beschlossen werden können, was die Bautätigkeit in Wohnungseigentumsanlagen fördern soll. Es ist daher eine flankierende Regelung geboten, die sicherstellt, dass beschlossene Baumaßnahmen notfalls auch gegenüber einem Mieter rechtssicher durchgesetzt werden können. Eine solche Regelung soll die Herbeiführung von „Baufreiheit" erleichtern, ohne die

---

68 Vgl. hierzu Blank/Börstinghaus/*Blank* BGB § 555 d Rn. 44–46.
69 AG München 24.10.2011 – 424 C 12307/11; aA Blank/Börstinghaus/*Blank* BGB § 555 d Rn. 44–46 mwN.
70 Blank/Börstinghaus/*Blank* BGB § 555 d Rn. 46, offengelassen BGH 10.7.2015 – V ZR 194/14, ZWE 2015, 376.
71 ZWE 2019, 429 (462).

zugunsten des Fremdnutzers, insbesondere eines Mieters, im Verhältnis zu seinem Vertragspartner bestehenden gesetzlichen Schutzinstrumente zu unterlaufen.

[…]

Die Arbeitsgruppe spricht sich für ein eigenes Duldungsrecht der Gemeinschaft der Wohnungseigentümer aus. Der Vorteil dieses Konzeptes wird vor allem darin gesehen, dass die Gemeinschaft der Wohnungseigentümer so in die Lage versetzt wird, „Baufreiheit" herbeizuführen, ohne auf Informationen des Vermieters angewiesen zu sein.

Ergebnis: Es wird vorgeschlagen, ein gesetzliches Duldungsrecht der Gemeinschaft der Wohnungseigentümer einzuführen, das sich an die mietrechtlichen Duldungsnormen anlehnt.

Dafür müsste (im BGB oder im WEG) eine Regelung etwa mit folgendem Inhalt geschaffen werden:

Die in § 14 Absatz 2 Nummer 2 [des Wohnungseigentumsgesetzes] bezeichneten Personen sind der Gemeinschaft der Wohnungseigentümer gegenüber verpflichtet, bauliche Veränderungen des gemeinschaftlichen Eigentums zu dulden. § 555 a Absatz 2 und § 555 c [des Bürgerlichen Gesetzbuchs] gelten entsprechend, soweit sie sich nicht auf die zu erwartende Mieterhöhung beziehen."

[Hervorhebungen durch den Verfasser]

Der Gesetzesentwurf der Bundesregierung[72] greift das Thema unter dem Aspekt des neuen § 15 Nr. 2 WEG wie folgt auf: 70

„§ 15 WEG-E begründet einen Anspruch der Gemeinschaft der Wohnungseigentümer und einzelner Wohnungseigentümer gegen Drittnutzer auf Duldung von Erhaltungsmaßnahmen und baulicher Maßnahmen. Damit wird sichergestellt, dass die Durchführung derartiger Maßnahmen nicht an Gebrauchsrechten Dritter scheitert. Insbesondere die Durchsetzung der nach dem WEG bestehenden Ansprüche eines Wohnungseigentümers auf bestimmte bauliche Veränderungen (vergleiche § 20 Absatz 2 und 3 WEG-E) soll nicht dadurch erschwert werden, dass ein anderer Wohnungseigentümer den Gebrauch seiner Wohnung einem Dritten überlassen hat.

§ 15 WEG-E verpflichtet den Drittnutzer unmittelbar und unabhängig von den vertraglichen Vereinbarungen gegenüber der Gemeinschaft der Wohnungseigentümer und einzelnen Wohnungseigentümern, bauliche Maßnahmen zu dulden. Der Dritte steht dabei nicht schutzlos, sondern wird ähnlich wie ein Mieter geschützt: Die Maßnahme muss dem Dritten angekündigt

---

72 BT-Drs. 19/18791, 52.

werden; zudem kann er sich unter bestimmten Umständen auf einen Härteeinwand berufen.

Die Vorschrift gilt für alle Personen, die Wohnungseigentum gebrauchen, ohne Wohnungseigentümer zu sein. Dies sind vor allem Mieter. Erfasst sind aber auch dinglich Wohnungsberechtigte, Nießbraucher und alle anderen Personen, denen der Gebrauch überlassen wurde.

Die Duldungspflicht besteht gegenüber der Gemeinschaft der Wohnungseigentümer und gegenüber einzelnen Wohnungseigentümern, je nachdem, wer die Maßnahme durchführt. Die Duldungspflicht besteht dagegen nicht gegenüber dem Wohnungseigentümer, von dem der Drittnutzer sein Gebrauchsrecht ableitet, typischerweise also seinem Vermieter. Denn § 15 WEG-E hat nicht die Funktion, die Rechte des überlassenden Wohnungseigentümers aus dem Rechtsverhältnis, das der Überlassung zugrunde liegt, zu modifizieren. Dafür besteht auch kein Bedürfnis, weil der überlassende Wohnungseigentümer auf die Gestaltung dieses Rechtsverhältnisses Einfluss nehmen kann."

71 Ob der **Mieterschutz** durch die Vorschrift gewährleistet wird, darf bezweifelt werden, denn der Duldungsanspruch gem. § 15 Nr. 2 WEG ist offensichtlich nicht auf Modernisierungsmaßnahmen des § 555 b BGB, auf den nicht verwiesen wird, beschränkt. Dem Mieter steht lediglich der **Härteeinwand** nach § 555 d Abs. 2 BGB zu. Das freilich entspricht dem Willen des Gesetzgebers.

72 Für einen Duldungsanspruch aus § 15 Nr. 2 WEG ist noch nicht einmal eine ordnungsgemäße bauliche Veränderung erforderlich, so dass dieser selbst bei **bestandskräftigen Beschlüssen** über bauliche Veränderungen Anwendung findet, die unter die Veränderungssperre nach § 20 Abs. 4 WEG fallen.[73]

73 Der Anspruch gemäß § 15 Nr. 2 WEG soll sowohl bei baulichen Veränderungen des gemeinschaftlichen Eigentums nach § 20 WEG als auch bei „baulichen Veränderungen" des Sondereigentums nach § 13 Abs. 2 WEG bestehen.[74] Der Begriff der baulichen Veränderungen wurde insoweit nicht verwendet, da dieser im Gesetz durchgehend dem gemeinschaftlichen Eigentum vorbehalten bleibt.

74 Die Duldungspflicht soll gegenüber der **Gemeinschaft** der Wohnungseigentümer und gegenüber einzelnen („anderen") **Wohnungseigentümern** bestehen, je nachdem, wer die Maßnahme durchführt. Sie besteht dagegen nicht gegenüber dem Wohnungseigentümer, von dem der Drittnutzer sein Gebrauchsrecht ableitet, typischerweise also dem vermietenden Wohnungseigentümer.[75]

---

73 Vgl. *Becker/Schneider* ZfIR 2020, 281 (296).
74 BT-Drs. 19/18791, 52.
75 BT-Drs. 19/18791, 52; *Hügel/Elzer* WEG § 15 Rn. 4.

Andernfalls könnte dieser das Mietrecht unterlaufen, bspw. indem er sich die Gestattung für eine Kernsanierung nach § 13 Abs. 2 WEG einholt, die nicht unter den Duldungsanspruch des § 555 d Abs. 1 BGB fällt.

Auf der anderen Seite kann der vermietende Wohnungseigentümer hierdurch erheblichen Problemen ausgesetzt sein; dies gerade im Hinblick darauf, dass bauliche Veränderungen mit einfacher Mehrheit beschlossen werden können, diese aber die Erfüllung mietvertraglicher Pflichten möglicherweise sogar auf Dauer unmöglich machen können. In schwerwiegenden Fällen ließe sich darüber nachdenken, ob die Veränderungssperre nach § 20 Abs. 4 WEG in der Alternative der unbilligen Benachteiligung Anwendung findet. Ferner können zugunsten des vermietenden Wohnungseigentümers Ansprüche gegen die Gemeinschaft der Wohnungseigentümer auf der Sekundärebene nach § 14 Abs. 3 WEG entstehen, die als Korrektiv freilich eine begrenzte Wirkung haben. Unter dem Strich sind die gesetzlichen Vorschriften zu den baulichen Veränderungen durch das WEMoG grundlegend umgestaltet worden.

2. Beschlusswesen

Im Hinblick auf das Beschlusswesen, das seit jeher ein wichtiger Teil des organisatorischen Gefüges der meisten Gemeinschaften ist, haben sich ebenfalls erhebliche Veränderungen ergeben.

a) Beschlussfähigkeit

Bis zum Inkrafttreten des WEMoG galt der Grundsatz, dass eine Versammlung der Wohnungseigentümer nur beschlussfähig ist, wenn die erschienenen stimmberechtigten Eigentümer mehr als die Hälfte der Miteigentumsanteile repräsentieren (§ 25 Abs. 3 WEG aF). Diese Bestimmung wurde ersatzlos gestrichen. Damit ist die Schwelle, die bisher für das Erreichen der Beschlussfähigkeit einer Versammlung bestand, entfallen. Nunmehr ist **jede Versammlung** beschlussfähig unabhängig von der Zahl der anwesenden oder vertretenen Eigentümer.[76] Auf diese Weise verliert auch die Zweitversammlung ihre Daseinsberechtigung. Dahinter steckt nicht zuletzt die Erwägung, dass es eine unnötige Verschwendung von Zeit ist, zu einer Versammlung anzureisen, die sich im Ergebnis als nicht beschlussfähig erweist.

Erscheint kein Eigentümer und ist auch keiner wirksam vertreten, kann eine Beschlussfassung nicht stattfinden. Hingegen kann ein einzelner Eigentümer oder ein Vertreter, soweit die Vertretung nicht ausgeschlossen ist, allein wirksame Beschlüsse zustande bringen.

---

76 BT-Drs. 19/18791, 35.

b) Beschlusskompetenzen

80 Einerseits sind neue Beschlusskompetenzen entstanden, andererseits wurden bislang bestehende Kompetenzen abgeschafft. Die nachfolgende Darstellung versteht sich als Überblick.

- § 9 b Abs. 2 WEG **Vertretung** der Gemeinschaft der Wohnungseigentümer gegenüber dem Verwalter
- § 16 Abs. 2 S. 2 WEG Abweichung von einem Verteilerschlüssel
- § 19 Abs. 1 WEG Regelungen zur ordnungsgemäßen Verwaltung und Benutzung
- § 20 Abs. 1 WEG **bauliche Veränderungen**
- § 21 Abs. 5 S. 1 WEG abweichende Verteilung von Kosten und Nutzungen
- § 23 Abs. 1 S. 2 WEG Einführung der „**Online-Teilnahme**" an der Versammlung
- § 28 Abs. 3 WEG Fälligkeit von Forderungen

81 § 19 Abs. 1 WEG gibt auch eine Kompetenz zur Beschlussfassung über weitere **Rücklagen** neben der gesetzlich vorgesehenen Erhaltungsrücklage.[77] Nicht übernommen wird die Beschlusskompetenz betreffend Kosten für einen besonderen Verwaltungsaufwand und für eine besondere Nutzung des gemeinschaftlichen Eigentums.

c) Beschluss-Sammlung

82 Erst durch die WEG Novelle 2007 als obligatorisch eingeführt worden war die Beschluss-Sammlung, die Auskunft über die Beschlusslage innerhalb einer Gemeinschaft geben sollte.[78] Vom Standpunkt des Referentenentwurfes aus hatte sie sich in der Praxis nicht bewährt. Verwiesen wurde insoweit auf den mittlerweile häufig erheblichen Umfang, der dazu führen könne, dass auch bedeutsame Beschlüsse übersehen werden, und die vergleichsweise starren gesetzlichen Vorgaben. Der Referentenentwurf hatte deswegen vorgeschlagen, die gesetzliche Pflicht zur Führung der Beschluss-Sammlung vollständig aufzuheben.

83 Dem ist der Regierungsentwurf aber nicht vorbehaltlos gefolgt. Er hatte in § 25 WEG-E die Führung einer „Beschlusssammlung" vorgesehen, die sich als Sammlung der Niederschriften über Beschlüsse und der Urteile in Verfahren nach § 44 Abs. 1 WEG in Textform verstand. Darüber hinaus sollten bestimmte Beschlüsse in der Sammlung besonders hervorgehoben werden. Nach dieser Konzeption sollte die Führung einer Sammlung weiterhin obligatorisch bleiben, allerdings in formell und inhaltlich abgeschwächter Form.

84 Letztlich ist auch diese Position aber nicht Gesetz geworden. Während der Erörterungen des Regierungsentwurfes im Ausschuss für Recht und Verbraucher-

---

77 BT-Drs. 19/18791, 74.
78 BT-Drs. 16/887, 11.

schutz (**6. Ausschuss** des Bundestages) bildete sich dort die Ansicht heraus, dass die Beschluss-Sammlung nach bisher geltendem Recht weder abgeschafft noch verändert werden müsse. Sie habe sich vielmehr bewährt und solle deswegen unverändert beibehalten werden.[79]

Diese zuletzt genannte Position hat sich am Ende durchgesetzt. Deswegen sieht § 24 Abs. 7 WEG nach wie vor die Führung der Beschluss-Sammlung mit den diesbezüglichen Modalitäten vor. § 24 Abs. 8 WEG bestimmt weiterhin, wer die Beschluss-Sammlung zu führen hat. 85

Änderungen der Rechtslage ergeben sich insoweit nicht. 86

Allerdings ist wegen der grundsätzlichen Neuordnung der Abberufungssystematik durch den Gesetzgeber § 26 Abs. 1 S. 4 WEG aF entfallen, der vorsah, dass ein wichtiger Grund für die Abberufung eines Verwalters regelmäßig bestand, wenn dieser die Beschluss-Sammlung nicht ordnungsgemäß führte. 87

d) Eintragungsfähiger Beschluss

Nach bislang geltender Rechtslage wirkten Beschlüsse der Wohnungseigentümer ohne Weiteres auch gegenüber ihren Rechtsnachfolgern. Die ganz herrschende Meinung leitete daraus ab, dass Beschlüsse grundsätzlich nicht ins Grundbuch eingetragen werden können.[80] Nunmehr bestimmt jedoch § 5 Abs. 4 S. 1 WEG im Zusammenspiel mit § 10 Abs. 3 S. 1 WEG, dass Beschlüsse, die aufgrund einer **vereinbarten Öffnungsklausel** gefasst werden, in das Grundbuch eingetragen werden müssen, um gegen Sondernachfolger Wirkung zu entfalten. Dies dient dem Schutz der Erwerber vor unbekannten, womöglich besonders belastenden Beschlüssen.[81] Solche Beschlüsse sind damit nach neuem Recht unzweifelhaft eintragungsfähig.[82] Der Gesetzgeber hat in diesem Zusammenhang weitergehend ausgeführt: 88

> „Es ist deshalb vorzugswürdig, vereinbarungsändernde Beschlüsse in das Grundbuch einzutragen. Um das Grundbuch gleichzeitig nicht zu überfrachten und seine Informationsfunktion nicht zu beeinträchtigen, soll dies aber nur für Beschlüsse gelten, die aufgrund einer vereinbarten Öffnungsklausel gefasst werden. Beschlüsse, die aufgrund einer gesetzlichen Öffnungsklausel gefasst werden, wirken dagegen auch ohne Grundbucheintragung gegen Sondernachfolger (vergleiche § 10 Absatz 3 Satz 2 WEG-E). Diese Differenzierung rechtfertigt sich dadurch, dass gesetzliche Öffnungsklauseln für jeden Erwerber unmittelbar aus dem Gesetz ersichtlich sind und vom Gesetzgeber gebilligte Zwecke verfolgen. Der Anwendungsbereich der gesetzlichen Öffnungsklauseln ist zudem auf konkrete Beschlussgegenstände beschränkt. Ein

---
[79] BT-Drs. 19/22634, 45.
[80] Statt vieler BGH 16.9.1994 – V ZB 2/93, NJW 1994, 3230 mwN; BT-Drs. 16/887, 20.
[81] BT-Drs. 19/18791, 38.
[82] Näher dazu *Wilsch* FGPrax 2020, 1 ff.; *Hügel/Elzer* WEG § 5 Rn. 61.

Erwerber kann daher dem Gesetz entnehmen, in welchen Bereichen er mit einer Änderung der Vereinbarung durch einen Beschluss rechnen muss. Für vereinbarte Öffnungsklauseln gilt dies nicht in gleichem Maße, weil der Bundesgerichtshof die formelle Kompetenz zur Änderung der Vereinbarung auch einer allgemein gehaltenen Öffnungsklausel entnimmt (BGH Urt. v. 10.10.2014 – V ZR 315/13)."

89 Wegweisend ist hier also die Unterscheidung zwischen gesetzlichen und **vereinbarten Öffnungsklauseln**. Nur für letztere gilt die neue Eintragungsmöglichkeit. Ob ein Beschluss eintragungsfähig ist, soll nach dem Willen des Gesetzgebers rein **objektiv** bestimmt werden. Ausschlaggebend ist, dass sich die Beschlusskompetenz nicht aus einer gesetzlichen Öffnungsklausel ergibt.[83] Eine Öffnungsklausel, die zwar vereinbart ist, aber den Text einer gesetzlichen Öffnungsklausel lediglich wiederholt oder sich mit diesem inhaltlich deckt, wird im Ergebnis wie eine gesetzliche Öffnungsklausel behandelt. Darauf gestützte Beschlüsse können also nicht eingetragen werden.[84] Sicherlich werden sich insoweit zukünftig Probleme ergeben. Das betrifft weniger diejenigen Klauseln, die eine gesetzliche Öffnungsklausel nur wiederholen, als vielmehr diejenigen, die trotz textlicher Abweichungen noch inhaltlich deckungsgleich sind. Anders gewendet: Wann wird eine Abweichung so gewichtig, dass sie auf den Inhalt durchschlägt? Das wird sich kaum generalisierend beantworten lassen. Auch der Gesetzgeber hat sich wohl außer Stande gesehen, hierzu nähere Maßgaben vorzugeben. Teilweise spricht man sich dafür aus, im Interesse der Rechtssicherheit im Zweifel von einer Eintragungsfähigkeit auszugehen.[85]

90 Flankiert wird die Einführung eintragungsfähiger Beschlüsse durch **verfahrensrechtliche Vorschriften**. Hervorzuheben ist der § 7 Abs. 2 WEG. Danach bedarf es zur Eintragung eines Beschlusses iSd § 5 Abs. 4 S. 1 WEG der Bewilligungen der Wohnungseigentümer nicht, wenn der Beschluss durch eine Niederschrift, bei der die Unterschriften der in § 24 Abs. 6 WEG bezeichneten Personen öffentlich beglaubigt sind, oder durch ein Urteil in einem Verfahren nach § 44 Abs. 1 S. 2 WEG nachgewiesen ist. Antragsberechtigt ist auch die Gemeinschaft der Wohnungseigentümer (§ 7 Abs. 2 S. 2 WEG).

91 Eine inhaltliche Überprüfung des einzutragenden Beschlusses durch das Grundbuchamt sieht das Gesetz nicht vor.[86]

92 Für die Praxis ergibt sich aus der Änderung Handlungsbedarf. Dass in einer Gemeinschaft unterschiedliche „Rechtslagen" gelten – je nach dem, ob ein Eigentümer an einer Beschlussfassung beteiligt war oder er Rechtsnachfolger eines Betei-

---

[83] BT-Drs. 19/18791, 39.
[84] BT-Drs. 19/18791, 39; s. auch *Hügel/Elzer* WEG § 5 Rn. 68.
[85] So *Hügel/Elzer* WEG § 5 Rn. 67.
[86] BT-Drs. 19/18791, 40; aber eine Prüfung ob ein vereinbarungsändernder Beschluss auf einer rechtsgeschäftlichen oder einer gesetzlichen Beschlusskompetenz beruht, zutreffend *Hügel/Elzer* WEG § 5 Rn. 68.

ligten ist, kann kaum hingenommen werden. Deshalb sollte darauf hingewirkt werden, dass Beschlüsse aufgrund einer vereinbarten Öffnungsklausel grundsätzlich im Grundbuch eingetragen werden. In zeitlicher Hinsicht etwas entzerrt wird die Situation durch die diesbezüglichen **Überleitungsvorschriften**. Zwar ordnet § 48 Abs. 1 S. 1 WEG an, dass für die Wirkung gegen Sondernachfolger auch die Eintragung solcher Beschlüsse notwendig ist, die vor Inkrafttreten der Neuregelung gefasst oder durch gerichtliche Entscheidung ersetzt wurden. Jedoch sieht § 48 Abs. 1 S. 2 WEG eine Übergangsfrist bis zum **31.12.2025** vor. Sie verhindert, dass Altbeschlüsse gegenüber Sondernachfolgern nicht wirken, weil die Sondernachfolge eintritt, bevor der Beschluss im Grundbuch eingetragen ist. Altbeschlüsse wirken deshalb auch ohne Eintragung im Grundbuch gegen Sondernachfolger, wenn die Sondernachfolge bis zum 31.12.2025 eintritt.[87] § 48 Abs. 1 S. 3 WEG gibt einen **Anspruch** auf erneute Beschlussfassung.

e) Umlaufbeschluss

Nach bislang geltendem Recht konnten Beschlüsse auch außerhalb einer Versammlung der Wohnungseigentümer zustande kommen. Sie bedurften dann allerdings der Schriftform (§ 23 Abs. 3 WEG). An deren Stelle tritt aufgrund des WEMoG nunmehr die **Textform** gem. § 126 b BGB. Das eröffnet die Möglichkeit, Umlaufbeschlüsse auch im Wege elektronischer Kommunikation zu fassen, zum Beispiel per E-Mail, über Internetplattformen oder Apps. Daran, dass für einen solchen Beschluss grundsätzlich die Zustimmung aller Eigentümer notwendig ist, ändert sich nichts. Die Gesetzesänderung bewirkt nur die Abschwächung der mindestens einzuhaltenden Form. Allerdings können die Wohnungseigentümer gemäß § 23 Abs. 3 S. 2 WEG beschließen, dass auch in einem schriftlichen Verfahren für einen einzelnen Gegenstand die Mehrheit der abgegebenen Stimmen genügt.

3. Entziehung des Wohnungs- bzw. Teileigentums

Bisher war die Entziehung des Wohnungseigentums in den §§ 18, 19 WEG aF geregelt. § 18 WEG aF statuierte die Voraussetzungen für einen Anspruch gegen einen Wohnungseigentümer auf Veräußerung seines Wohnungseigentums. § 19 WEG aF regelte die Umsetzung des Urteils, in dem ein Wohnungseigentümer zur Veräußerung des Wohnungseigentums verpflichtet worden ist.

Die §§ 18, 19 WEG aF gehen in § 17 WEG auf, der wie folgt lautet:

§ 17 WEG Entziehung des Wohnungseigentums
(1) Hat ein Wohnungseigentümer sich einer so schweren Verletzung der ihm gegenüber anderen Wohnungseigentümern oder der Gemeinschaft der Wohnungseigentümer obliegenden Verpflichtungen schuldig gemacht, dass diesen die Fortsetzung der Gemeinschaft

---
87 BT-Drs. 19/18791, 83.

mit ihm nicht mehr zugemutet werden kann, so kann die Gemeinschaft der Wohnungseigentümer von ihm die Veräußerung seines Wohnungseigentums verlangen.

(2) Die Voraussetzungen des Absatzes 1 liegen insbesondere vor, wenn der Wohnungseigentümer trotz Abmahnung wiederholt gröblich gegen die ihm nach § 14 Absatz 1 und 2 obliegenden Pflichten verstößt.

(3) Der in Absatz 1 bestimmte Anspruch kann durch Vereinbarung der Wohnungseigentümer nicht eingeschränkt oder ausgeschlossen werden.

(4) Das Urteil, durch das ein Wohnungseigentümer zur Veräußerung seines Wohnungseigentums verurteilt wird, berechtigt zur Zwangsvollstreckung entsprechend den Vorschriften des Ersten Abschnitts des Gesetzes über die Zwangsversteigerung und die Zwangsverwaltung. Das Gleiche gilt für Schuldtitel im Sinne des § 794 der Zivilprozessordnung, durch die sich der Wohnungseigentümer zur Veräußerung seines Wohnungseigentums verpflichtet.

96 § 25 Abs. 5 Var. 3 WEG aF, der den Ausschluss der **Stimmberechtigung** im Zusammenhang mit der Entziehung des Wohnungseigentums regelte „oder wenn er nach § 18 rechtskräftig verurteilt ist", bleibt bestehen und ist in § 25 Abs. 4 WEG überführt worden, der weiterhin bei Anpassung der Nummerierung wie folgt regelt „oder wenn er nach § 17 rechtskräftig verurteilt ist".

97 Die materiellen Voraussetzungen der **Generalklausel** zur Entziehung des Wohnungseigentums gem. § 17 Abs. 1 S. 1 WEG bleiben im Vergleich zu § 18 Abs. 1 WEG aF weitgehend unverändert. Das WEMoG hat in den ersten Halbsatz lediglich eingefügt, dass eine Pflichtverletzung nicht nur gegenüber den anderen Wohnungseigentümern, sondern auch gegenüber der Gemeinschaft der Wohnungseigentümer den Entziehungsanspruch begründen kann. Als Beispiel für eine Pflichtverletzung gegenüber der Gemeinschaft der Wohnungseigentümer nennt die Gesetzesbegründung die Verletzung der Pflicht zur Kostentragung.[88] Zudem wird der **Entziehungsanspruch** dem Verband Wohnungseigentümergemeinschaft zugeordnet. Hierdurch hat sich die Ausübungsbefugnis des Verbandes Wohnungseigentümergemeinschaft nach § 18 Abs. 1 S. 2 WEG aF erledigt. Auch bei einer Zwei-Personen-Gemeinschaft bleibt es künftig daher bei der Aktivlegitimation der Gemeinschaft der Wohnungseigentümer.

98 § 17 Abs. 2 WEG enthält – neben einer redaktionellen Anpassung unverändert – das Regelbeispiel des § 18 Abs. 2 Nr. 1 WEG aF Das weitere Regelbeispiel des § 18 Abs. 2 Nr. 2 WEG aF (Hausgeldverzug) ist indes gestrichen worden. Die **Hausgeldbeitreibung** mit anschließender Zwangsversteigerung in der privilegierten Rangklasse des § 10 Abs. 1 Nr. 2 ZVG war bisher schon das effektivere Mittel.[89] Problematisch war nach bisheriger Rechtslage ferner der Verweis auf den

---

88 BT-Drs. 19/18791, 54 f.
89 Vgl. BeckOK WEG/*Hogenschurz* WEG § 18 Rn. 30, 31.

Einheitswert in § 18 Abs. 2 Nr. 2 WEG aF im Hinblick auf das Urteil des Bundesverfassungsgerichts[90] zur Verfassungswidrigkeit der Grundsteuer.

Der **Hausgeldverzug** kann indes weiterhin unter die Generalklausel des § 17 Abs. 1 WEG fallen.[91] Da die Gesetzesbegründung zum WEMoG für die Streichung des Regelbeispiels indes anführt, dass § 10 Abs. 1 Nr. 2 ZVG es dem Verband Wohnungseigentümergemeinschaft ermögliche, *„sich in diesen Fällen vorrangig aus dem Wohnungseigentum zu befriedigen"*,[92] dürfte dies nur noch in Ausnahmefällen in Betracht kommen. 99

§ 18 Abs. 3 WEG aF wurde ersatzlos aufgehoben. Das erhöhte Quorum des § 18 Abs. 3 WEG aF im Rahmen der Fassung des Entziehungsbeschlusses (Mehrheit von mehr als der Hälfte der stimmberechtigten Wohnungseigentümer) hält der Gesetzgeber für nicht mehr gerechtfertigt.[93] 100

§ 17 Abs. 3 WEG entspricht wortgleich § 18 Abs. 4 WEG aF. 101

In § 17 Abs. 4 WEG wird § 19 WEG aF zusammengefasst. § 17 Abs. 1 S. 1 WEG übernimmt § 19 Abs. 1 S. 1 WEG aF, wobei nicht mehr jeder Miteigentümer, sondern nur die Gemeinschaft der Wohnungseigentümer zur **Zwangsvollstreckung** berechtigt ist. Die in § 19 Abs. 1 S. 2 WEG aF statuierte Ausübungsbefugnis der Gemeinschaft der Wohnungseigentümer entfällt, da der Gemeinschaft von vornherein der Entziehungsanspruch zugeordnet wird. 102

§ 19 Abs. 2 WEG aF wurde – dem Regelbeispiel des § 18 Abs. 1 Nr. 2 WEG (Hausgeldverzug) folgend – aufgehoben. Der Wohnungseigentümer konnte gem. § 19 Abs. 2 WEG aF im Falle des § 18 Abs. 2 Nr. 2 WEG aF bis zur Erteilung des Zuschlags die Wirkung des Urteils dadurch abwenden, dass er die Verpflichtungen, wegen deren Nichterfüllung er verurteilt ist, einschließlich der Verpflichtung zum Ersatz der durch den Rechtsstreit und das Versteigerungsverfahren entstandenen Kosten sowie die fälligen weiteren Verpflichtungen zur Lasten- und Kostentragung erfüllt. Die Vorschrift war deswegen notwendig, weil der verurteilte Wohnungseigentümer durch Zahlung der Hausgeldrückstände nicht den titulierten Anspruch, der auf Veräußerung des Wohnungseigentums gerichtet ist, sondern „nur" seine Zahlungsrückstände erfüllt.[94] In der Literatur wurde eine analoge Anwendung der Vorschrift diskutiert, wenn der Entziehungsanspruch nach Titulierung wegen **Wegfalls einer Störung**, die zur Entziehung führte, unbegründet wäre.[95] So soll der nicht störende Miteigentümer nach dem BGH[96] in analo- 103

---

90 BVerfGE NJW 2018, 1451.
91 Vgl. BT-Drs. 19/18791, 54 f., *„Pflicht zur Kostentragung"*.
92 BT-Drs. 19/18791, 55.
93 Vgl. BT-Drs. 19/18791, 55.
94 Jennißen/*Heinemann* WEG § 19 Rn. 52.
95 Vgl. im Einzelnen Jennißen/*Heinemann* WEG § 19 Rn. 52 ff.; dazu auch *Gahn* AnwZert MietR 19/2020 Anm. 1.
96 BGH 14.9.2018 – V ZR 138/17, NJW 2019, 7.

ger Anwendung des § 19 Abs. 2 WEG aF berechtigt gewesen sein, die Wirkungen des Entziehungsurteils bis zur Erteilung des Zuschlags dadurch abzuwenden, dass er den Miteigentumsanteil des störenden Miteigentümers selbst erwirbt, den störenden Miteigentümer dauerhaft und einschränkungslos aus der Wohnanlage entfernt und dass er der Wohnungseigentümergemeinschaft alle Kosten ersetzt, die dieser durch die Führung des Entziehungsrechtsstreits und die Durchführung eines Zwangsversteigerungsverfahrens zur Durchsetzung des Entziehungsanspruchs entstanden sind. Die Gesetzesbegründung[97] führt hierzu wie folgt aus:

> „Nicht übernommen wird die Vorschrift des geltenden § 19 Absatz 2, die sich mit dem nach dem Entwurf entfallenden Regelbeispiel des geltenden § 18 Absatz 2 Nummer 2 befasst. Soweit die Rechtsprechung den geltenden § 19 Absatz 2 im Einzelfall analog anwendet und ihm die allgemeine Befugnis entnimmt, die Wirkungen eines Entziehungsurteils abzuwenden (vergleiche etwa BGH Urt. v. 14.9.2018 – V ZR 138/17 Randnummern 23 ff.), zielt der Entwurf nicht darauf ab, diese Rechtsprechung in Frage zu stellen. Entsprechende Rechtsfolgen können im Einzelfall auf § 242 BGB gestützt werden."

104 Es ist bemerkenswert, dass der Gesetzgeber die Streichung des § 19 Abs. 2 WEG aF vorgenommen hat, anstatt die Vorschrift sinnvoll zu ändern, zugleich aber auf **Treu und Glauben** nach § 242 BGB verweist, wodurch ein bereits ergangenes regelmäßig rechtskräftiges Urteil zu Fall gebracht werden soll. Das überzeugt nicht.

105 Ein einmal entstandener Anspruch, hier auf Veräußerung des Wohnungseigentums, kann grundsätzlich nur durch Erfüllung erlöschen, dh eben durch Veräußerung des Wohnungseigentums. Eine gewisse **Parallele** lässt sich mit Vorsicht zu den Fällen ziehen, in denen die Nutzungsabsicht des Vermieters im Rahmen einer **Eigenbedarfskündigung** nach § 573 Abs. 2 Nr. 2 BGB nachträglich entfällt. Die hM und ihr folgend der BGH gehen davon aus, dass der Wegfall des zunächst vorhandenen Eigenbedarfs nur dann berücksichtigt werden soll, wenn er bis zum Ablauf der Kündigungsfrist eingetreten ist.[98] Der BGH begründet dies insbesondere mit dem Grundsatz der Rechtsklarheit und weist andere Meinungen zurück, wonach der Wegfall des Eigenbedarfs bis zum Auszug des Mieters zu berücksichtigen ist, dh ggf. auch nachdem bereits ein rechtskräftiges Urteil auf Räumung gegen den Mieter vorliegt. Das BVerfG hat die Rechtsprechung des BGH geduldet.[99]

---

[97] BT-Drs. 19/18791, 55 f.
[98] BGH 22.5.2019 – VIII ZR 167/17, NJW-RR 2019, 972 Rn. 28; BGH 9.11.2005 – VIII ZR 339/04, NJW 2006, 220.
[99] BVerfG (2. Kammer des Ersten Senats) 18.4.2006 – 1 BvR 31/06, NJW 2006, 2033.

Übertragen auf die Entziehung des Wohnungseigentums bedeutet dies, dass die Voraussetzungen für den Anspruch auf Veräußerung des Wohnungseigentums – wie üblich – zum Zeitpunkt der letzten mündlichen Verhandlung vorliegen müssen, wobei vor Urteilserlass eine **Wiedereröffnung der Verhandlung** gem. § 156 Abs. 1 ZPO in Betracht kommt. Ist das Urteil rechtskräftig, kann der Wohnungseigentümer ohne gesetzliche Regelung über den Umweg der Vollstreckungsabwehrklage nach § 767 ZPO daher nicht erreichen, dass die Zwangsvollstreckung für unzulässig erklärt wird. Anderes kann allenfalls im Lichte des Art. 14 GG in engen Ausnahmefällen bspw. durch eine analoge Anwendung des § 767 ZPO in Betracht kommen. Es wäre wünschenswert gewesen, wenn der Gesetzgeber hierzu eine Regelung geschaffen hätte.

106

§ 17 Abs. 4 S. 2 WEG übernimmt § 19 Abs. 3 WEG aF und erweitert dessen Anwendungsbereich. Einem Urteil iSd § 17 Abs. 4 S. 1 WEG steht nunmehr jedweder **Schuldtitel** iSd § 794 ZPO gleich, durch den sich der Wohnungseigentümer zur Veräußerung seines Wohnungseigentums verpflichtet.

107

4. Gemeinschaft der Wohnungseigentümer

Als eine der weiteren Kernänderungen des WEMoG erfährt die Rechtsform der „Gemeinschaft der Wohnungseigentümer" in den §§ 9a und 9b WEG eine umfassende Neuregelung. Hiermit wird die **Entwicklung**, die mit der Entscheidung des BGH vom 2.6.2005[100] zur Rechtsfähigkeit der Wohnungseigentümergemeinschaft ihren Ausgang nahm, und die der Gesetzgeber in der WEG-Novelle von 2007 punktuell einer Regelung unterwarf, abgeschlossen. Der Gesetzgeber vervollständigt die Verbandsform „Gemeinschaft der Wohnungseigentümer", deren Verbandszweck die Verwaltung des gemeinschaftlichen Eigentums ist.

108

Hierbei belässt es der Gesetzgeber aber nicht. Er stellt die Gemeinschaft der Wohnungseigentümer in das Zentrum des Wohnungseigentumsrechts und konzentriert die Zuständigkeiten im Binnenverhältnis der Wohnungseigentümer beim Verband. So obliegt insbesondere die **Verwaltung** des gemeinschaftlichen Eigentums ausschließlich der Gemeinschaft.[101] Ansprüche gegen die Wohnungseigentümer sind – soweit das gemeinschaftliche Eigentum betroffen ist – von der Gemeinschaft der Wohnungseigentümer geltend zu machen, bspw. Ansprüche aus § 1004 BGB wegen einer Beeinträchtigung des gemeinschaftlichen Eigentums. Ebenso sind Anfechtungsklagen, Nichtigkeitsklagen und Beschlussersetzungsklagen gegen die Gemeinschaft der Wohnungseigentümer zu erheben.[102] Spiegelbildlich treffen den einzelnen Wohnungseigentümer seine Verpflichtungen vornehmlich gegenüber der Gemeinschaft der Wohnungseigentümer.[103]

109

---

100 BGH 2.6.2005 – V ZB 32/05, NJW 2005, 2061.
101 § 18 Abs. 1 WEG.
102 § 44 Abs. 2 WEG.
103 § 14 Abs. 1 WEG.

110 Zwar belässt der Gesetzgeber das gemeinschaftliche Eigentum im Miteigentum der Wohnungseigentümer – anderes wäre theoretisch denkbar gewesen. Er entkernt aber die **Bruchteilsgemeinschaft**, die die Wohnungseigentümer als Eigentümer des gemeinschaftlichen Eigentums verbindet, und überträgt die Rechte und Pflichten auf die Verbandsform „Gemeinschaft der Wohnungseigentümer". Ob tatsächlich noch strikt zwischen dem Verband Wohnungseigentümergemeinschaft und der Bruchteilsgemeinschaft der Wohnungseigentümer unterschieden werden kann, darf bezweifelt werden. Der Einheitstheorie, die lediglich von einer Gemeinschaft ausgeht, die teils im Kleid des Verbands und teils im Kleid der Bruchteilsgemeinschaft daherkommen kann,[104] dürfte dies Vorschub leisten. Die weitere rechtstheoretische Frage, ob der Verband Wohnungseigentümergemeinschaft hiermit zur **juristischen Person** aufsteigt, ist nicht allzu leicht zu beantworten.[105] Auf der einen Seite zeigt insbesondere die Einführung der Ein-Personen-Gemeinschaft den hohen Grad der rechtlichen Verselbständigung, die der Verband Wohnungseigentümergemeinschaft erfahren soll. Er entkoppelt sich weitgehend von seinen Mitgliedern. Auf der anderen Seite bleibt die teilschuldnerische Außenhaftung nach § 10 Abs. 8 WEG aF, der in § 9a Abs. 4 WEG weitgehend unverändert übernommen, dem Personengesellschaftsrecht entlehnt und widerspricht dem bei den juristischen Personen geltenden haftungsrechtlichen Trennungsprinzip. Anderes ist auch nicht handhabbar, da sich das gemeinschaftliche Eigentum – selbst, wenn es der Gemeinschaft der Wohnungseigentümer zugeordnet würde – nicht sinnvoll ohne das Sondereigentum verwerten ließe. Der „Anteil" an dem Verband „Gemeinschaft der Wohnungseigentümer" und die hieraus folgenden **Mitgliedsrechte** bleiben akzessorisch mit dem Wohnungseigentum, bestehend aus Sondereigentum und Miteigentum an dem gemeinschaftlichen Eigentum, des Mitglieds verbunden. Zweck des Verbandes Wohnungseigentümergemeinschaft muss daher die Verwaltung fremden Eigentums, nämlich das der Wohnungseigentümer, bleiben.

111 Der Verband Wohnungseigentümergemeinschaft bleibt somit ein **Verband sui generis**, der sich aus mehreren Bereichen des Verbandsrechts bedient.

112 Auf der einen Seite wird der einzelne Wohnungseigentümer durch den hohen Grad der **Verselbständigung**, die der Verband Wohnungseigentümergemeinschaft erfährt, in seiner Rechtsposition geschwächt, da die Rechtsdurchsetzung in der Regel über die Gemeinschaft der Wohnungseigentümer und nicht mehr direkt erfolgen kann.[106] Auf der anderen Seite werden die Rechtsbeziehungen im Bin-

---

104 Vgl. zum Streitstand *Hügel/Elzer* WEG § 10 Rn. 19 ff.
105 So wohl *Skauradszun* ZRP 2020, 34 f.; dagegen *Hinz* ZMR 2020, 264 (265 f.).
106 Vgl. *Becker/Schneider* ZfIR 2020, 281 (293).

nenverhältnis neu geordnet, deren Ordnung zuletzt auch der Rechtsprechung erhebliche Probleme bereitete.[107]

Das WEMoG führt zu einer deutlichen Verschiebung des Wohnungseigentumsrechts in Richtung des Verbandsrechts. Über Rechtsfiguren aus dem Gesellschaftsrecht bspw. die **actio pro socio** wird in Zukunft im Wohnungseigentumsrecht neu nachzudenken sein.[108]

a) Entstehung des Verbandes Wohnungseigentümergemeinschaft, § 9 a Abs. 1 S. 2 WEG und Kodifizierung der Ein-Personen-Gemeinschaft

Die Entstehung des Verbandes Wohnungseigentümergemeinschaft war bisher gesetzlich nicht geregelt.

Rechtsprechung und Literatur hatten hierzu folgende Grundsätze herausgearbeitet: Die Wohnungseigentümergemeinschaft entsteht bei der **Erstaufteilung durch Vertrag** nach § 3 WEG bei Anlegung der Wohnungs- bzw. Teileigentumsgrundbücher.[109] Da es vor dem WEMoG keine Ein-Personen-Gemeinschaft gab (Vgl. § 10 Abs. 7 S. 4 WEG aF), entstand bei einer Teilung durch den Eigentümer nach § 8 WEG eine Wohnungseigentümergemeinschaft erst, wenn zusätzlich zu dem aufteilenden Eigentümer ein Wohnungskäufer als Miteigentümer in das Grundbuch eingetragen wurde.[110] Da zwischen Verkauf und Übergabe der Wohnungen einerseits und der Eintragung des ersten Miteigentümers andererseits aber Jahre liegen konnten, haben Rechtsprechung und Literatur das Rechtsinstitut der **werdenden Wohnungseigentümergemeinschaft** geschaffen,[111] das die Rechtswirkungen des Wohnungseigentumsgesetzes unter bestimmten Voraussetzungen vorverlagerte.[112]

Das WEMoG regelt hierzu nunmehr unter § 9 a Abs. 1 S. 2 WEG wie folgt:

Die Gemeinschaft der Wohnungseigentümer entsteht mit Anlegung der Wohnungsgrundbücher; dies gilt auch im Fall des § 8.

Der Verband Wohnungseigentümergemeinschaft kann künftig folglich sowohl in den Fällen des § 3 WEG als auch in den Fällen des § 8 WEG durch Anlegung der **Wohnungsgrundbücher** zur Entstehung gelangen. § 10 Abs. 7 S. 4 WEG aF wurde aufgehoben.

---

107 Vgl. hierzu *Skauradszun* ZRP 2020, 34 (35); vgl. auch Bund-Länder-Arbeitsgruppe zur WEG-Reform ZWE 2019, 429 (443).
108 Vgl. *Elzer*, in MietRB-Blog, https://blog.otto-schmidt.de/mietrb/2020/01/17/tsunami/.
109 Vgl. BeckOK WEG/*Gerono* WEG § 3 Rn. 72.
110 Vgl. BGH 5.6.2008 – V ZB 85/07, NJW 2008, 2639.
111 Vgl. BGH 5.6.2008 – V ZB 85/07, NJW 2008, 2639; BGH 11.5.2012 – V ZR 196/11, NJW 2012, 2650 mwN.
112 Vgl. Bärmann/Seuß/*Pflügl* § 4 Rn. 198 ff.

118 Die bedeutendste Folge hieraus ist die gesetzliche Kodifizierung der **Ein-Personen-Gemeinschaft**. Das Rechtsinstitut der werdenden Gemeinschaft wird damit obsolet.[113]

119 Dies birgt das Risiko, dass der aufteilende Eigentümer, oftmals also der Bauträger, im Innenverhältnis für die später eintretenden Wohnungseigentümer **nachteilige Beschlüsse** fasst, die noch nicht einmal in das Grundbuch eingetragen werden müssen (vgl. § 10 Abs. 3 S. 2 und 3 WEG), sowie im Außenverhältnis für die eintretenden Wohnungseigentümer nachteilige Verträge mit erheblicher Laufzeit abschließt.[114] Zu etwaigen nachteiligen Beschlüssen, die der aufteilende Eigentümer in „Alleinherrschaft" fasst, führt die Gesetzesbegründung[115] wie folgt aus:

> „Zwar können die späteren Erwerber ordnungswidrige Beschlüsse, die der aufteilende Eigentümer gefasst hat, aufgrund Fristablaufs in der Regel nicht mehr anfechten. Sie können die Beschlüsse aber durch einen erneuten Beschluss aufheben, weil der teilende Eigentümer keinen Anspruch darauf hat, dass seine Entscheidungen dauerhaften Bestand haben. Ob im Einzelfall sogar ein Anspruch auf einen solchen Aufhebungsbeschluss besteht, kann der Klärung durch Rechtsprechung und Wissenschaft überlassen bleiben."

120 Für eine Aufhebung der Beschlüsse müssen indes die entsprechenden Mehrheiten gegeben sein. Darüber hinaus werden durch aufhebende Beschlüsse nicht stets sämtliche Rechtswirkungen des Erstbeschlusses beseitigt.[116] Ein Anspruch des einzelnen Wohnungseigentümers gegen den Verband Wohnungseigentümergemeinschaft auf Fassung eines **Aufhebungsbeschlusses**, der wohl im Rahmen der Anfechtungsklage gegen den Negativbeschluss, verbunden mit einer Beschlussersetzungsklage, gestützt auf § 18 Abs. 2 Nr. 1 WEG, geltend zu machen wäre, kann sich nur in Ausnahmefällen ergeben. Immerhin soll hierdurch ein bestandskräftiger Beschluss beseitigt werden. Ein Direktanspruch der Wohnungseigentümer gegen den aufteilenden Eigentümer zur zustimmenden Stimmrechtsausübung zum Aufhebungsbeschluss besteht nicht.

121 Das Risiko, dass der aufteilende Wohnungseigentümer langfristige **Versorgungsverträge** abschließt, sieht die Gesetzesbegründung ebenfalls gebannt. Sie führt hierzu wie folgt aus:[117]

> „Die Erwerber werden zudem dadurch geschützt, dass die Ein-Personen-Gemeinschaft in der Regel Verbraucherin im Sinne des § 13 BGB ist und die von ihr geschlossenen Verträge deshalb den verbraucherschützenden Vorschriften der §§ 305 ff. BGB genügen müssen. Der Bundesgerichtshof hat zwar bislang

---

113 BT-Drs. 19/18791, 42 f.
114 *Becker/Schneider* ZfIR 2020, 281 (292 f.); *Hinz* ZMR 2020, 264 (266 f.); Stellungnahme des Bundesgerichtshofs, V. Zivilsenats, zum Gesetzesentwurf, S. 1 f.
115 BT-Drs. 19/18791, 42 f.
116 Vgl. BGH 5.7.2019 – V ZR 278/17, NJW 2020, 988.
117 BT-Drs. 19/18791, 43.

nur entschieden, den Verbraucherschutz jedenfalls dann auf eine Gemeinschaft der Wohnungseigentümer zu erstrecken, wenn dieser mindestens eine natürliche Person als Verbraucher angehört (BGH Urt. v. 25.3.2015 – VIII ZR 243/13, Randnummern 35 ff.). Die dahinterliegende Wertung, dass eine natürliche Person ihre Verbrauchereigenschaft nicht dadurch verliert, dass sie in die Gemeinschaft der Wohnungseigentümer eintritt, gilt aber für eine Ein-Personen-Gemeinschaft ebenso, wenn diese auf den Eintritt von Verbrauchern gerichtet ist."

Der Gesetzgeber meint, die Erwerber seien durch das AGB-Recht, insbesondere durch § 309 Nr. 9 BGB (Laufzeit bei Dauerschuldverhältnissen), hinreichend geschützt, da eine Ein-Personen-Gemeinschaft selbst Verbraucher sei, wenn diese auf den Eintritt von Verbrauchern gerichtet sei. Dies dürfte nicht richtig und darüber hinaus auch im Rahmen der Gesetzesauslegung nicht ausschlaggebend sein. Die **Verbrauchereigenschaft** des Verbandes Wohnungseigentümergemeinschaft setzt voraus, dass ihr bei Tätigwerden im Rechtsverkehr, also bei Vertragsschluss, mindestens ein Verbraucher angehört.[118] Der Bauträger ist aber regelmäßig kein Verbraucher. Der spätere Eintritt eines Verbrauchers in den Verband Wohnungseigentümergemeinschaft kann auch keine Rückwirkung entfalten.[119]

122

Das einzige Mitglied der Ein-Personen-Gemeinschaft kann – wie bisher allerdings auch[120] – Vereinbarungen, also meist die erste Gemeinschaftsordnung, einseitig treffen.

123

b) Rechts- und Prozessfähigkeit, § 9 a Abs. 1 S. 1 WEG

Die Teilrechtsfähigkeit des Verbandes Wohnungseigentümergemeinschaft wurde bisher durch § 10 Abs. 6 S. 1 WEG aF statuiert, der wie folgt ausführte:

124

> Die Gemeinschaft der Wohnungseigentümer kann im Rahmen der gesamten Verwaltung des gemeinschaftlichen Eigentums gegenüber Dritten und Wohnungseigentümern selbst Rechte erwerben und Pflichten eingehen.

Das WEMoG geht darüber hinaus und ordnet in § 9 a Abs. 1 S. 1 WEG wie folgt an:

125

> Die Gemeinschaft der Wohnungseigentümer kann Rechte erwerben und Verbindlichkeiten eingehen, vor Gericht klagen und verklagt werden.

Die Begründung zum Regierungsentwurf[121] äußert hierzu wie folgt:

126

> „§ 9 a Absatz 1 Satz 1 ordnet die Rechts- und Prozessfähigkeit der Gemeinschaft der Wohnungseigentümer an. Er entspricht inhaltlich dem geltenden

---

118 BGH 25.3.2015 – VIII ZR 243/13, NJW 2015, 3228; BGH 30.3.2017 – VII ZR 269/15, NJW 2017, 2752.
119 Vgl. *Becker/Schneider* ZfIR 2020, 281 (293 f.).
120 Vgl. BeckOK BGB/*Hügel* WEG § 10 Rn. 24.
121 BT-Drs. 19/18791, 43.

§ 10 Absatz 6 Satz 1 und 5. Nicht übernommen wird die Formulierung aus § 10 Absatz 6 Satz 1, nach dem die Gemeinschaft der Wohnungseigentümer ‚im Rahmen der gesamten Verwaltung des gemeinschaftlichen Eigentums' Rechte erwerben und Pflichten eingehen kann. Denn die damit angedeutete Beschränkung der Rechtsfähigkeit auf den Verbandszweck ist dem deutschen Recht fremd (siehe etwa Häublein, ZWE 2017, 429 ff.)."

127 In Rechtsprechung und Lehre wurde zu § 10 Abs. 6 S. 1 WEG aF diskutiert, inwieweit der Verband Wohnungseigentumsgemeinschaft **Rechte und Pflichten** „nur" im Rahmen der gesamten Verwaltung des gemeinschaftlichen Eigentums erwerben kann. Diese Frage wurde insbesondere im Zusammenhang damit diskutiert, ob der Verband Wohnungseigentümergemeinschaft Grundstücke erwerben kann.[122]

128 Teilweise wurde der Formulierung in § 10 Abs. 6 S. 1 WEG aF „im Rahmen der gesamten Verwaltung des gemeinschaftlichen Eigentums" eine sachliche Beschränkung der Rechtsfähigkeit im Außenverhältnis verbunden, was einer Anwendung der aus dem angloamerikanischen Rechtskreis stammenden *ultra-vires-doctrin* entspricht, die dem hiesigen Rechtskreis allerdings fremd ist.

129 Der BGH[123] führte hierzu bspw. wie folgt aus:

„Die Rechtsfähigkeit der Wohnungseigentümergemeinschaft ist danach nicht umfassend, sondern auf die Teilbereiche des Rechtslebens beschränkt, bei denen die Wohnungseigentümer im Rahmen der Verwaltung des gemeinschaftlichen Eigentums als Gemeinschaft am Rechtsverkehr teilnehmen."

130 Die herrschende Meinung in der Literatur lehnte eine sachliche **Beschränkung der Rechtsfähigkeit** im Außenverhältnis ab.[124] Dennoch spielte dieser Theorienstreit in der Praxis bisher keine große Rolle, weil auch bei einer umfassenden Rechtsfähigkeit der Verwalter mangels Vertretungsmacht den Verband außerhalb des Verbandszwecks oftmals im Außenverhältnis[125] nicht wirksam verpflichten konnte.[126]

131 Das WEMoG räumt eine sachliche Beschränkung der Rechtsfähigkeit des Verbandes Wohnungseigentümergemeinschaft endgültig ab. Zwar ist es auffällig, dass § 9a Abs. 1 S. 1 WEG im Gegensatz zu den Vorschriften des § 124 Abs. 1 HGB, § 13 Abs. 1 GmbHG, § 17 Abs. 1 GenG auf den Einschub „Eigentum und andere dingliche Rechte an Grundstücken" verzichtet. Es ist jedoch nicht ersicht-

---

122 Vgl. *Weber* ZWE 2017, 68.
123 18.3.2016 – V ZR 75/15, NZM 2016, 387.
124 Vgl. *Bärmann/Suilmann* WEG § 10 Rn. 210 ff.; *Häublein* ZWE 2017, 429; *Hügel/Elzer* WEG § 10 Rn. 205 ff.
125 Vgl. § 27 Abs. 3 Nr. 7 WEG aF.
126 Zum Ganzen *Weber* ZWE 2017, 68.

lich, dass hieraus eine sachliche Beschränkung der Rechtsfähigkeit folgen soll (vgl. aber § 9 b Abs. 1 S. 1 WEG).

c) Vertretung des Verbandes Wohnungseigentümergemeinschaft, § 9 b WEG

Vor Inkrafttreten des WEMoG wurde die Vertretung des Verbandes Wohnungseigentümergemeinschaft und die Vertretung der Wohnungseigentümer durch den Verwalter in § 27 WEG aF geregelt.

132

Die Vertretung, also das **Handeln im Außenverhältnis**, erhält nunmehr – wie dies im Verbandsrecht allgemein üblich ist – mit § 9 b WEG eine eigenständige Vorschrift, die wie folgt ausführt:

133

§ 9 b WEG Vertretung

(1) Die Gemeinschaft der Wohnungseigentümer wird durch den Verwalter gerichtlich und außergerichtlich vertreten, beim Abschluss eines Grundstückskauf- oder Darlehensvertrags aber nur aufgrund eines Beschlusses der Wohnungseigentümer. Hat die Gemeinschaft der Wohnungseigentümer keinen Verwalter, wird sie durch die Wohnungseigentümer gemeinschaftlich vertreten. Eine Beschränkung des Umfangs der Vertretungsmacht ist Dritten gegenüber unwirksam.

(2) Dem Verwalter gegenüber vertritt der Vorsitzende des Verwaltungsbeirats oder ein durch Beschluss dazu ermächtigter Wohnungseigentümer die Gemeinschaft der Wohnungseigentümer.

Die Vorschrift des § 9 b Abs. 1 S. 1 und S. 2 WEG ist deutlich an § 35 Abs. 1 GmbHG, § 78 Abs. 1 AktG, § 24 Abs. 1 GenG angelehnt. Eine Beschränkung des Umfangs der Vertretungsmacht ist gem. § 9 b Abs. 1 S. 3 WEG Dritten gegenüber unwirksam; auch dies ist Usus im Verbandsrecht.[127] Auf eine **Registerpublizität** des Verbandes Wohnungseigentümergemeinschaft verzichtet der Gesetzgeber dennoch.

134

Der Gesetzesentwurf der Bundesregierung zum WEMoG sah noch eine unbeschränkte Vertretungsmacht des Verwalters vor.[128] Erst im Ausschuss für Recht und Verbraucherschutz wurde der Halbsatz „beim Abschluss eines Grundstückskauf- oder Darlehensvertrags aber nur aufgrund eines Beschlusses der Wohnungseigentümer" angefügt. Dort hatte den Gesetzgeber der Mut verlassen, eine Regelung zu treffen, wie sie auch sonst im Verbandsrecht üblich ist. Die Beschlussempfehlung des Ausschusses[129] führt hierzu wie folgt aus:

135

„Die grundsätzlich umfassende Vertretungsmacht des Verwalters bedarf nach Ansicht des Ausschusses der Einschränkung. Sie besteht deshalb nicht beim Abschluss von Grundstückskauf- und Darlehensverträgen. Beim Abschluss eines solchen Vertrags kann der Verwalter die Gemeinschaft der Wohnungsei-

---

127 Vgl. § 37 Abs. 2 GmbHG, § 82 Abs. 1 GmbHG, § 27 Abs. 2 S. 1 GenG.
128 BT-Drs. 19/18791.
129 BT-Drs. 19/22634, 43.

gentümer nur dann vertreten, wenn er dazu durch einen Beschluss der Wohnungseigentümer ermächtigt ist. Die Wohnungseigentümer können Ermächtigungsbeschlüsse für einzelne zu schließende Verträge fassen, den Verwalter aber auch in bestimmten Grenzen oder umfassend zum Abschluss solcher Verträge ermächtigen, wenn sie hinreichendes Vertrauen zu ihm haben. Die Einschränkung der Vertretungsmacht gilt, wie sich aus dem Wortlaut ergibt, nur für den Abschluss der dort genannten Verträge, nicht aber für Erklärungen im Rahmen der Vertragsabwicklung; auch dingliche Rechtsgeschäfte sind von der Beschränkung nicht erfasst."

136 Beschränkungen der Befugnisse des Verwalters im Innenverhältnis schlagen lediglich auf die Vertretung im Außenverhältnis durch, wenn die Grundsätze über den **Missbrauch der Vertretungsmacht** greifen.[130] Ein Überschreiten der Vertretungsmacht begründet grundsätzlich „nur" Haftungsansprüche gegen den Verwalter, die sich in Zukunft noch stärker an die Haftung des GmbH-Geschäftsführers angleichen werden.

137 Die unbeschränkte Vertretungsmacht des Verwalters ist ungleich gefährlicher als die des Geschäftsführers einer GmbH oder die des Vorstandes der AG, denn die Wohnungseigentümer haften nach § 9 a Abs. 4 WEG weiterhin persönlich jedenfalls entsprechend ihres Miteigentumsanteils.

138 **Einseitige Rechtsgeschäfte**, die der Verwalter für den Verband Wohnungseigentümergemeinschaft vornimmt, können nicht mehr nach § 174 BGB zurückgewiesen werden.[131] Auf gesetzliche Vertreter ist § 174 BGB weder direkt noch entsprechend anwendbar, denn eine gesetzliche Vertretungsmacht beruht nicht auf einer Willensentscheidung des Vertretenen.[132]

139 Auffällig ist die Tatsache, dass das Gesetz **keine Vertretung der Wohnungseigentümer** mehr vorsieht, wie sie bislang durch § 27 Abs. 2 aF WEG geregelt war.[133] Die Gesetzesbegründung führt hierzu wie folgt aus:

„Eine Vertretung der einzelnen Wohnungseigentümer durch den Verwalter (vergleiche den geltenden § 27 Absatz 2) sieht der Entwurf nicht mehr vor. In materieller Hinsicht ist sie nicht notwendig, weil die rechtsfähige Gemeinschaft der Wohnungseigentümer in Gemeinschaftsangelegenheiten am Rechtsverkehr teilnimmt und nicht die Wohnungseigentümer als solche. Aufgrund der nach § 44 Absatz 2 WEG-E vorgesehenen Passivlegitimation der rechtsfähigen Gemeinschaft der Wohnungseigentümer in Beschlussklagen ist eine Vertretung der einzelnen Wohnungseigentümer auch prozessual nicht mehr notwendig. Soweit die rechtsfähige Gemeinschaft der Wohnungseigen-

---

130 Vgl. hierzu BeckOK GmbHG/*Wisskirchen/Kuhn* GmbHG § 37 Rn. 48 ff.
131 Vgl. noch BGH 20.2.2014 – III ZR 443/13, NJW 2014, 1587.
132 Vgl. BGH 20.2.2014 – III ZR 443/13, NJW 2014, 1587; siehe auch BT-Drs. 19/18791, 28, 46 f.
133 Kritisch dazu *Becker/Schneider* ZfIR 2020, 281 (294, 302 ff.).

tümer nach § 9a Absatz 2 WEG-E bestimmte Rechte und Pflichten der einzelnen Wohnungseigentümer wahrnimmt, bedarf es ohnehin keiner Vertretung der einzelnen Wohnungseigentümer. Alle anderen Rechte und Pflichten können und müssen die Wohnungseigentümer selbst ausüben und wahrnehmen."

Diese Ausführungen zeigen, wer „**Herr im Haus**" sein soll. Die Verwaltung des gemeinschaftlichen Eigentums obliegt nach § 18 Abs. 1 WEG dem Verband Wohnungseigentümergemeinschaft und nicht mehr den Wohnungseigentümern. Dennoch bleiben die Wohnungseigentümer Miteigentümer des gemeinschaftlichen Eigentums. Inwieweit § 18 Abs. 1 WEG alle Probleme beseitigt[134] und bspw. auf das öffentliche Abgaben- und Gebührenrecht durchschlägt,[135] bleibt abzuwarten. 140

Dem Verwalter gegenüber vertritt nach § 9b Abs. 2 WEG der Vorsitzende des Verwaltungsbeirats oder ein durch Beschluss dazu ermächtigter Wohnungseigentümer die Gemeinschaft der Wohnungseigentümer. Bereits nach § 27 Abs. 3 S. 2 und 3 WEG aF konnten die Wohnungseigentümer durch Beschluss mit Stimmenmehrheit einen oder mehrere Wohnungseigentümer zur Vertretung des Verbandes Wohnungseigentümergemeinschaft **ermächtigen**, sofern ein Verwalter fehlt oder zur Vertretung nicht berechtigt ist.[136] 141

In dem Gesetzesentwurf der Bundesregierung lautete § 9b Abs. 2 WEG-E noch wie folgt: „Die Wohnungseigentümer beschließen über die Vertretung der Gemeinschaft der Wohnungseigentümer gegenüber dem Verwalter." Im Rahmen der Beschlussempfehlung des Ausschusses für Verbraucherschutzes[137] wurde die Regelung in die jetzige Form gebracht. 142

Der Gesetzesentwurf der Bundesregierung[138] führte zu § 9 Abs. 2 WEG-E wie folgt aus: 143

> „§ 9b Absatz 2 sieht in Anlehnung an § 46 Nummer 8 Gesetz betreffend die Gesellschaften mit beschränkter Haftung (GmbHG) eine Beschlusskompetenz vor, die Vertretung der Gemeinschaft der Wohnungseigentümer gegenüber dem Verwalter zu regeln, wenn dieser außergerichtlich nach § 181 BGB beziehungsweise gerichtlich nach allgemeinen prozessrechtlichen Grundsätzen (vergleiche Ellenberger, in: Palandt, BGB, 79. Auflage 2020, § 181 Randnummer 5) von der Vertretung der Gemeinschaft der Wohnungseigentümer ausgeschlossen ist. In diesen Fällen kann zum Beispiel ein Wohnungseigentümer zur Vertretung ermächtigt werden. Außerhalb des Anwendungsbereichs des

---

134 Siehe hierzu *Becker/Schneider* ZfIR 2020, 281 (302 ff.).
135 Vgl. hierzu etwa *Elzer* NVwZ 2014, 605.
136 Vgl. *Hügel/Elzer* WEG § 27 Rn. 138 ff.
137 BT-Drs. 19/18791, 10.
138 BT-Drs. 19/18791, 47.

§ 9 b Absatz 2 sieht der Entwurf keine Beschlusskompetenz der Wohnungseigentümer für die Vertretung vor. Insbesondere können einzelne Wohnungseigentümer nicht durch Beschluss anstelle oder neben dem Verwalter zu Vertretern der Gemeinschaft der Wohnungseigentümer gekürt werden. Diese Möglichkeit wird zum Schutz der Minderheit ausgeschlossen, der die Existenz eines Vertreters, der nicht gleichzeitig die aus der Stellung als Verwalter folgenden Pflichten hat, nicht zuzumuten ist. Möchte die Mehrheit durch Beschluss einen Vertreter küren, ist ihr dies möglich, indes nur durch Bestellung eines Verwalters. Soweit auf Grundlage des geltenden § 27 Absatz 3 Satz 3 Ermächtigungsbeschlüsse gefasst wurden, verlieren diese nach allgemeinen Grundsätzen mit Inkrafttreten der Neuregelung für die Zukunft ihre Wirkung (vergleiche zu gesetzlichen Verboten Sack/Seibl, in: Staudinger, BGB, 2017, § 134 Randnummer 55)."

144 Die Beschlussempfehlung des Ausschusses für Verbraucherschutz[139] führt zu der geänderten und schließlich in Kraft getretenen Regelung indes wie folgt aus:

„Die Gemeinschaft der Wohnungseigentümer wird gegenüber dem Verwalter durch den Vorsitzenden des Verwaltungsbeirats oder einen durch Beschluss dazu ermächtigten Wohnungseigentümer vertreten. Damit wird die Durchsetzung von Ansprüchen der Gemeinschaft der Wohnungseigentümer gegenüber dem Verwalter erleichtert. Weil der Vorsitzende des Verwaltungsbeirats bereits kraft Gesetzes zur Vertretung befugt ist, ist eine gesonderte Beschlussfassung über die Vertretung, wie sie der Regierungsentwurf vorsah, nicht mehr zwingend erforderlich."

145 Von § 9 Abs. 2 WEG werden ua die Fälle des **Insichgeschäfts** nach § 181 BGB umfasst, das auch auf das Organ Verwalter Anwendung findet.[140] § 181 BGB schaltet die Vertretungsmacht des Verwalters für die Fälle des Selbstkontrahierens (Geschäft zwischen dem Verband Wohnungseigentümergemeinschaft und dem Verwalter selbst) und der **Mehrfachvertretung** (Geschäft zwischen dem Verband Wohnungseigentümer und einem Dritten, der ebenfalls vom Verwalter vertreten wird) aus. Dies gilt allerdings nicht, wenn das Rechtsgeschäft ausschließlich in der Erfüllung einer Verbindlichkeit besteht (bspw. Zahlung der Verwaltervergütung). § 181 BGB findet auf den Verwalter allerdings nur dann Anwendung, „soweit ihm nicht anderes gestattet ist".

146 Fraglich ist daher, ob die Wohnungseigentümer das Organ Verwalter – wie dies bei dem Geschäftsführer einer GmbH die Regel ist – von den Beschränkungen des § 181 BGB befreien können.

---

139 BT-Drs. 19/22634, 43.
140 Vgl. BT-Drs. 19/18791, 47.

Den Organen juristischer Personen kann die **Gestattung** iSd § 181 BGB entweder 147
schon durch die Satzung oder durch das Bestellungsorgan erteilt werden, wobei
die Gestattung durch das Bestellungsorgan nach umstrittener Ansicht einer satzungsmäßigen Grundlage bedarf.[141] Im GmbH-Recht wird dies jedenfalls für die
Einmann-GmbH vertreten.[142] Solche Regelungen finden sich auch innerhalb von
Gemeinschaftsordnungen.[143] In Verwalterverträgen werden Regelungen zu der
pauschalen Befreiung von den Beschränkungen des § 181 BGB nach bisheriger
Rechtslage AGB-rechtlich unwirksam.[144]

Sofern die Wohnungseigentümer Vereinbarungen iSd § 10 Abs. 1 S. 2 WEG über 148
die Befreiung des Verwalters von den Beschränkungen des § 181 BGB treffen,
wird dies im Wohnungseigentumsrecht ebenfalls zulässig sein. Fraglich ist allerdings, ob den Wohnungseigentümern darüber hinaus insoweit eine gesetzliche
Beschlusskompetenz zusteht. Eine allgemeine Annexkompetenz im Rahmen der
Bestellung des Verwalters nach § 26 Abs. 1 WEG ist abzulehnen. Ebenso eine Beschlusskompetenz nach § 27 Abs. 2 WEG, denn ein auf Grundlage von § 27
Abs. 2 WEG gefasster Beschluss betrifft stets nur das Innenverhältnis.[145]

Allerdings enthält § 9 b Abs. 2 WEG selbst eine Beschlusskompetenz der Woh- 149
nungseigentümer für die Befreiung von den Beschränkungen des § 181 BGB zugunsten des Verwalters. Dies gilt nach § 9 b Abs. 2 WEG in der Form, wie er den
Ausschuss verlassen hat, allerdings nur, wenn der Verwalter aus der **Mitte der
Wohnungseigentümer** stammt. Die Wohnungseigentümer können dann auch beschließen, dass der Verwalter die Gemeinschaft der Wohnungseigentümer gegenüber sich selbst vertritt. Die Vorschrift des § 9 b Abs. 2 WEG ist aber sichtlich
nur auf den Einzelfall angelegt, so dass § 9 b Abs. 2 WEG keine generelle Befreiung des Verwalters von den Beschränkungen des § 181 BGB zulässt. Ein Beschluss – mag er auch auf den Einzelfall begrenzt bleiben – entspricht aber wohl
nur im Ausnahmefall ordnungsgemäßer Verwaltung, denn § 181 BGB soll gerade
Interessenkonflikte vermeiden.

Der Gesetzgeber hatte im Rahmen des § 9 b Abs. 2 WEG ferner den Fall des § 46 150
Nr. 8 GmbHG im Blick, der die Vertretung der Gesellschaft im Fall der Geltendmachung von Ersatzansprüchen gegen den Geschäftsführer oder Gesellschafter
regelt. § 9 b Abs. 2 WEG setzt insoweit voraus, dass dem Verband Wohnungseigentümergemeinschaft Ansprüche gegen den Verwalter aus der **Verletzung organschaftlicher** oder **vertraglicher Pflichten** zustehen. Dies ist aber nur dann der

---

141 BeckOK BGB/*Schäfer* BGB § 181 Rn. 36 mwN.
142 BGH 28.2.1983 – II ZB 8/82, NJW 1983, 1676; MüKoGmbHG/*Stephan/Tieves* GmbHG § 35 Rn. 185 ff.,
   auch Fn. 415; kritisch *Altmeppen* NZG 2013, 401 mwN.
143 Vgl. BayObLG 8.12.2004 – 2Z BR 80/04, NJW 2005, 1587.
144 OLG Karlsruhe 14.12.2007 – 11 Wx 40/06, BeckRS 2009, 26954.
145 BT-Drs. 19/18791, 73.

Fall, wenn der Schaden einen Bezug zur Verwaltung des gemeinschaftlichen Eigentums aufweist.

Erleidet lediglich der Wohnungseigentümer einen Schaden, vornehmlich an seinem Sondereigentum, so kann er weiterhin einen **Schadensersatzanspruch gegen den Verwalter** aus den Grundsätzen des Vertrages mit Schutzwirkung zugunsten Dritter geltend machen. Dass es sich bei dem Verwaltervertrag um einen **Vertrag mit Schutzwirkung zugunsten der Wohnungseigentümer** handelt, erkennt nun sogar der Gesetzgeber an (vgl. § 43 Abs. 2 Nr. 3 WEG). Dennoch sind an diesem Direktanspruch der Wohnungseigentümer durch das WEMoG Zweifel aufgekommen. Denn der Gesetzesentwurf der Bundesregierung[146] führte hierzu in der Begründung noch deutlich wie folgt aus:

„Ein Direktanspruch des einzelnen Wohnungseigentümers gegen den Verwalter ist in diesem System weder sinnvoll noch notwendig."

Die Beschlussempfehlung des Ausschusses für Recht und Verbraucherschutz[147] führt indes gegenläufig wie folgt aus:

„Die Rechte und Pflichten nach § 27 bestehen allein gegenüber der Gemeinschaft der Wohnungseigentümer. Die aus dem Verwaltervertrag fließenden Rechtsbeziehungen regelt § 27 dagegen nicht. Die Vorschrift steht deshalb auch der Einordnung des Verwaltervertrags als Vertrag mit Schutzwirkung zugunsten der Wohnungseigentümer nicht entgegen (vergleiche BGH, Urteil vom 8. Februar 2019 – V ZR 153/18, NJW 2019, 3446 Randnummer 9). Soweit die Voraussetzungen dieses Rechtsinstituts vorliegen, kann ein geschädigter Wohnungseigentümer daher vertraglichen Schadensersatz vom Verwalter verlangen."

Nach diesseitiger Ansicht ist indes an dem Institut des Verwaltervertrages mit Schutzwirkung zugunsten der Wohnungseigentümer festzuhalten, auch wenn dieser nur unvollständig im Rahmen der Zuständigkeitsregeln Eingang in das Gesetz gefunden hat.[148]

151 Anders als § 46 Nr. 8 GmbHG enthält § 9 b Abs. 2 WEG nur die Beschlusskompetenz für die Vertretung der Gesellschaft bei der Geltendmachung von Ansprüchen gegen den Verwalter, nicht jedoch über das „Ob" der Geltendmachung.

152 Grundsätzlich müssen die Wohnungseigentümer (weiterhin) auch über das „Ob" der Geltendmachung entscheiden (§ 19 Abs. 1 WEG). Ein Beschluss der Wohnungseigentümer mit dem Inhalt, davon abzusehen, Schadensersatzansprüche gegen den Verwalter geltend zu machen, widerspricht regelmäßig **ordnungsmäßiger**

---

146 BT-Drs. 19/18791, 58.
147 BT-Drs. 19/22634, 47.
148 Ebenso *Hügel/Elzer* WEG § 26 Rn. 210 ff.; *Dötsch/Schultzky/Zschieschack* WEG-Recht 2021, Kap. 13, Rn. 95.

Verwaltung, wenn die Voraussetzungen eines solchen Anspruchs schlüssig dargelegt und begründet erscheinen.[149]

An dieser Stelle stellt sich erstmalig die Frage, ob und unter welchen Umständen der einzelne Wohnungseigentümer gegen den Verwalter künftig direkt im Wege der **actio pro societate**[150] vorgehen kann.

Der BGH hat die Anwendung der Grundsätze der **actio pro socio**[151] im Wohnungseigentumsrecht bisher abgelehnt.[152] Der BGH stützt sich hierbei vornehmlich darauf, dass den Wohnungseigentümern die Verwaltung des gemeinschaftlichen Eigentums zustehe. Eine *actio pro socio* kommt regelmäßig auch nicht im Rahmen der Notgeschäftsführung nach § 21 Abs. 2 WEG[153] in Betracht.[154]

Dies ist nach dem WEMoG aber anders. Die Verwaltung des gemeinschaftlichen Eigentums steht gemäß § 18 Abs. 1 WEG der Gemeinschaft der Wohnungseigentümer zu. Insoweit sollte eine Angleichung an die **Dogmatik des GmbH-Rechts** vorgenommen werden. Allerdings ist auch im GmbH-Recht die Zulässigkeit der *actio pro societate* höchst umstritten.[155] Der BGH hat die Anwendung der Grundsätze der *actio pro societate* jedenfalls des Gesellschafters einer GmbH & Co. KG gegen den Geschäftsführer der Komplementär GmbH zuletzt abgelehnt.[156]

Es bleibt daher abzuwarten, ob die einzelnen Wohnungseigentümer in der Zukunft den mühsamen Weg über eine Anfechtungsklage verbunden mit einer Beschlussersetzungsklage gehen müssen, wenn die Mehrheit der Wohnungseigentümer die Verfolgung von **Schadensersatzansprüchen** gegen den Verwalter ablehnt oder über die *actio pro societate* weitere Möglichkeiten für den Wohnungseigentümer eröffnet werden.[157]

d) Geschäftsführung, § 27 WEG

§ 27 WEG regelt die Geschäftsführungsbefugnis des Verwalters, also die Befugnisse des Verwalters im Innenverhältnis zu dem Verband Wohnungseigentümergemeinschaft. Die Vorschrift führt wie folgt aus:

---

149 LG Koblenz 30.4.2018 – 2 S 67/16 WEG ZWE 2018, 461 mwN; vgl. auch Jennißen/*Heinemann* WEG § 27 Rn. 176 a.
150 Geltendmachung eines Anspruchs gegen einen Dritten (hier: Verwalter) durch ein Mitglied des Verbandes Wohnungseigentümergemeinschaft.
151 Geltendmachung eines Anspruchs aus dem Gesellschaftsverhältnis durch einen Gesellschafter im eigenen Namen gegen einen Mitgesellschafter auf Leistung an die Gesellschaft.
152 Vgl. BGH 15.12.1988 – V ZB 9/88, NJW 1989, 1091; AG Hannover 1.8.2008 – 480 C 7201/08, ZMR 2009, 81; BGH 6.3.1997 – III ZR 248/95, NJW 1997, 2106; LG Hamburg 3.2.2010 – 318 S 84/08; Sauren/*Sauren* WEG § 43 Rn. 12 ff.
153 § 18 Abs. 3 WEG.
154 LG Berlin 25.9.2018 – 55 S 235/17, ZWE 2019, 51 mAnm *Lehmann-Richter*.
155 Vgl. Roth/Altmeppen/*Altmeppen* GmbHG § 13 Rn. 27 f.; § 43 Rn. 98; BeckOK GmbHG/*Schindler* GmbHG § 46 Rn. 119 ff.
156 BGH 19.12.2017 – II ZR 255/16, NZG 2018, 220; vgl. *Hippeli* GWR 2018, 61.
157 Dafür: *Weber* IMR 2020, 1036.

§ 27 WEG Aufgaben und Befugnisse des Verwalters

(1) Der Verwalter ist gegenüber der Gemeinschaft der Wohnungseigentümer berechtigt und verpflichtet, die Maßnahmen ordnungsmäßiger Verwaltung zu treffen, die
1. untergeordnete Bedeutung haben und nicht zu erheblichen Verpflichtungen führen oder
2. zur Wahrung einer Frist oder zur Abwendung eines Nachteils erforderlich sind.

(2) Die Wohnungseigentümer können die Rechte und Pflichten nach Absatz 1 durch Beschluss einschränken oder erweitern.

158 § 27 Abs. 1 WEG regelt zunächst diejenigen Maßnahmen, für die der Verwalter im Rahmen **ordnungsgemäßer Verwaltung** ohne Einholung eines Beschlusses der Wohnungseigentümer berechtigt ist. Anders als § 27 WEG aF verzichtet das Gesetz nunmehr darauf, die einzelnen Aufgaben und Befugnisse des Verwalters in einem abschließenden Katalog aufzuzählen. Der Gesetzesentwurf der Bundesregierung regelte unter § 27 Abs. 1 Nr. 1 WEG-E noch wie folgt: „über die eine Beschlussfassung durch die Wohnungseigentümer nicht geboten ist".

159 Die Gesetzesbegründung in dem Entwurf der Bundesregierung[158] führt hierzu ua wie folgt aus:

„Eine Beschlussfassung durch die Wohnungseigentümer ist nicht geboten im Sinne von Nummer 1, wenn aus Sicht eines durchschnittlichen Wohnungseigentümers eine Entscheidung durch die Versammlung aufgrund ihrer geringen Bedeutung für die Gemeinschaft nicht erforderlich ist. Maßstab ist dabei stets die konkrete Wohnungseigentumsanlage. Mit der Größe der Anlage wächst demnach in der Regel der Kreis der Maßnahmen, die der Verwalter eigenverantwortlich treffen kann und muss. In der Regel sind jedenfalls diejenigen Maßnahmen, deren Erledigung der geltende § 27 Absatz 1 Nummer 2, 4, 5 und 6 dem Verwalter zuweist, von Nummer 1 erfasst. Je nach Größe der Anlage und Art der regelmäßig anfallenden Maßnahmen kann aber etwa auch die Erledigung von Reparaturen oder der Abschluss von Versorgungs- oder Dienstleistungsverträgen zum Kreis der Maßnahmen nach Nummer 1 gehören. Das Gleiche gilt für die gerichtliche Durchsetzung von Hausgeldforderungen."

160 Die Beschlussempfehlung des Ausschusses für Verbraucherschutz änderte § 27 Abs. 1 Nr. 1 WEG in die nun geltende Fassung. Die Beschlussempfehlung führt hierzu wie folgt aus:

„Nach dem Entwurf der Bundesregierung soll der Verwalter solche Maßnahmen ordnungsgemäßer Verwaltung treffen können, „über die eine Beschlussfassung durch die Wohnungseigentümer nicht geboten ist". Die Formulierung ist nach Ansicht des Rechtsausschusses zu unbestimmt und bedarf der Präzisierung. Deshalb soll geregelt werden, dass der Verwalter ohne Beschluss der

---

158 BT-Drs. 19/18791, 73.

Wohnungseigentümer nur Maßnahmen von untergeordneter Bedeutung treffen darf, mit denen keine erheblichen Verpflichtungen einhergehen. Ob eine Verpflichtung erheblich ist, hängt von der Sichtweise eines durchschnittlichen Wohnungseigentümers in der konkreten Anlage ab. Maßgeblich ist deshalb nicht etwa die absolute Höhe der finanziellen Verpflichtung, sondern ob derjenige Teil der Verpflichtung, für den der einzelne Wohnungseigentümer nach § 9a Absatz 4 einstehen muss, so bedeutsam ist, dass eine vorherige Beschlussfassung geboten ist. Wo diese Erheblichkeitsschwelle konkret liegt, hängt von den Umständen des Einzelfalls ab. Mit der Größe der Anlage wächst in der Regel der Kreis der Maßnahmen, die der Verwalter eigenverantwortlich treffen kann und muss. Je nach Größe der Anlage und Art der regelmäßig anfallenden Maßnahmen kann etwa die Erledigung von kleineren Reparaturen oder der Abschluss von Versorgungs- oder Dienstleistungsverträgen in beschränktem Umfang zum Kreis der Maßnahmen nach Nummer 1 gehören. Das Gleiche gilt für die gerichtliche Durchsetzung von Hausgeldforderungen.

Gegenüber dem geltenden Recht ändert sich im Hinblick auf die Aufgaben des Verwalters im Übrigen nichts: Er hat die Beschlüsse und Vereinbarungen der Wohnungseigentümer durchzuführen und für die Durchführung der Hausordnung zu sorgen. Weiterhin hat er auch die für die ordnungsgemäße Instandsetzung erforderlichen Maßnahmen zu treffen. Ob über die erforderlichen Maßnahmen zunächst eine Beschlussfassung der Wohnungseigentümer erforderlich ist, bestimmt sich – wie oben beschrieben – nach den Umständen des Einzelfalls, zu denen jedenfalls die Größe der Anlage und der Umfang der Maßnahmen zählen. In der Regel wird es beispielsweise für den Austausch defekter Leuchtelemente im Bereich des Gemeinschaftseigentums oder für die Instandsetzung eines Fensterglases oder die Graffitientfernung keiner Beschlussfassung bedürfen. Anders ist das bei kostenträchtigen Sanierungsmaßnahmen, für die stets ein Beschluss der Wohnungseigentümer notwendig ist. Der Verwalter hat auch unverändert in dringenden Fällen sonstige zur Erhaltung des gemeinschaftlichen Eigentums erforderliche Maßnahmen zu treffen (vergleiche Nummer 2). Für diese Maßnahmen ist zwangsläufig eine vorherige Beschlussfassung durch die Wohnungseigentümer nicht erforderlich, denn es liegt im Wesen der Notgeschäftsführung, dass der Verwalter sofort handeln können muss. Ohne zusätzliche Beschlussfassung kann auch die Aufgabe erfüllt werden, Kostenbeiträge in Empfang zu nehmen und Zahlungen zu bewirken, die mit der laufenden Verwaltung des gemeinschaftlichen Eigentums zusammenhängen. Der Verwalter ist nämlich berechtigt und verpflichtet, die dem beschlossenen Wirtschaftsplan entsprechenden Vorschüsse abzurufen. Darüber hinaus ergeben sich weitere Aufgaben, die der Verwalter zu erfüllen hat, ohne dass es dazu eines Beschlusses der Wohnungseigentümer bedarf (zum Beispiel die Pflicht zur ordnungsmäßigen Verwaltung eingenommener Gelder, die Pflicht zur Einberufung der Eigentümerversammlung, die Pflicht zur Aufstellung des Wirtschaftsplans und der Jahresabrechnung).

Die hier keineswegs abschließende Auflistung von Aufgaben des Verwalters macht deutlich, dass eine generalisierende Einordnung in die Kategorien „untergeordnete Bedeutung" mit „nicht erheblichen Verpflichtungen" nicht möglich ist. Vielmehr ist eine Einzelfallbetrachtung erforderlich, die wiederum dann an Bedeutung verlieren kann, je konkreter die Wohnungseigentümer von der Möglichkeit Gebrauch machen, Rechte und Pflichten des Verwalters nach Absatz 2 durch Beschluss einzuschränken oder zu erweitern. Denn zu betonen ist, dass § 27 Absatz 1 Nummer 1 nur vorbehaltlich eines Beschlusses nach § 27 Absatz 2 gilt. Nach dieser Vorschrift haben die Wohnungseigentümer – etwa im Zusammenhang mit dem Abschluss des Verwaltervertrags – die Möglichkeit, diejenigen Maßnahmen selbst zu definieren, deren Erledigung sie in die Verantwortung des Verwalters legen wollen. Dazu können sie etwa Wertgrenzen oder Maßnahmenkataloge aufstellen. Möglich ist es auch, einzelne Handlungen des Verwalters (zum Beispiel Zahlungen ab einem bestimmten Betrag) von der Zustimmung eines Wohnungseigentümers, des Verwaltungsbeirats oder eines Dritten abhängig zu machen.

Die Rechte und Pflichten nach § 27 bestehen allein gegenüber der Gemeinschaft der Wohnungseigentümer. Die aus dem Verwaltervertrag fließenden Rechtsbeziehungen regelt § 27 dagegen nicht. Die Vorschrift steht deshalb auch der Einordnung des Verwaltervertrags als Vertrag mit Schutzwirkung zugunsten der Wohnungseigentümer nicht entgegen (vergleiche BGH Urt. v. 8.2.2019 – V ZR 153/18, NJW 2019, 3446 Randnummer 9). Soweit die Voraussetzungen dieses Rechtsinstituts vorliegen, kann ein geschädigter Wohnungseigentümer daher vertraglichen Schadensersatz vom Verwalter verlangen."

161 Geschäftsführungsbefugnisse des Verwalters **ohne Einholung eines Beschlusses** der Wohnungseigentümer setzt folglich voraus, dass (1) es sich um eine Maßnahme ordnungsgemäßer Verwaltung des gemeinschaftlichen Eigentums handelt und (2) die Maßnahme untergeordnete Bedeutung hat und nicht zu erheblichen Verpflichtungen führt oder zur Wahrung einer Frist oder zur Abwendung eines Nachteils erforderlich ist. Eine Beschlussfassung durch die Wohnungseigentümer ist nicht geboten, wenn aus Sicht eines durchschnittlichen Wohnungseigentümers eine Entscheidung durch die Versammlung aufgrund ihrer geringen Bedeutung für die Gemeinschaft nicht erforderlich ist. Hierzu sollen grundsätzlich zumindest die folgenden **Regelbefugnisse** gehören:

- ordnungsmäßige Instandhaltung und Instandsetzung des gemeinschaftlichen Eigentums[159] außerhalb der vorrangigen Zuständigkeit der Wohnungseigentümer nach;[160]
- Anfordern, Inempfangnehmen und Abführen von Lasten- und Kostenbeiträgen, Tilgungsbeträgen und Hypothekenzinsen;[161]
- Bewirken und Entgegennahme aller Zahlungen und Leistungen;[162]
- Verwaltung eingenommener Gelder.[163]

Die „weiche" Ordnung der Kompetenzverteilung führte im Gesetzgebungsverfahren teilweise zu skuriler Kritik.[164] 162

Zu berücksichtigen ist hierbei allerdings, dass es auch im übrigen Verbandsrecht keine festen **Kompetenzverteilungen** gibt; hierfür sind diese einfach zu vielschichtig. 163

Die **Geschäftsführungskompetenz** ist hiernach beschränkter als die des GmbH-Geschäftsführers. Begrenzungen des Geschäftsführers einer GmbH ergeben sich vornehmlich aus der Kompetenzzuweisung gem. § 46 GmbHG an die Gesellschafterversammlung und aus dem Unternehmensgegenstand.[165] Schließlich wird aus § 49 Abs. 2, 3 GmbHG geschlussfolgert, dass die Geschäftsführer nicht zur Entscheidung über ungewöhnliche Maßnahmen mit Ausnahmecharakter berufen sind.[166] Im GmbH-Recht ist hiernach grundsätzlich der Geschäftsführer auch ohne Beschluss der Gesellschafterversammlung zur Geschäftsführung berechtigt, im neuen WEG-Recht ist dies umgekehrt. In der Satzung einer GmbH finden sich in der Regel Kompetenzkataloge, aus denen sich entnehmen lässt, für welche Geschäftsführungsmaßnahmen ein vorheriger Beschluss der Gesellschafterversammlung erforderlich ist. Solche Kompetenzkataloge sind auch für das WEG-Recht im Rahmen der Gemeinschaftsordnung zukünftig vermehrt zu erwarten.[167] 164

Für den Verwalter kann sich aus der offenen Formulierung des Gesetzes bei **Kompetenzüberschreitungen** die Gefahr der Haftung ergeben. Daher ist es stets auch in seinem Interesse, grundsätzlich auf eine Beschlussfassung nach § 27 Abs. 2 WEG hinzuwirken. 165

§ 27 Abs. 1 Nr. 2 WEG regelt eine **Notkompetenz** des Verwalters, sofern das vorrangig zuständige Organ Wohnungseigentümerversammlung nicht rechtzeitig zu 166

---

159 § 27 Abs. 1 Nr. 2 WEG aF.
160 Zum Ganzen *Hügel/Elzer* WEG § 27 Rn. 17 ff.
161 § 27 Abs. 1 Nr. 4 WEG aF.
162 § 27 Abs. 1 Nr. 5 WEG aF.
163 § 27 Abs. 1 Nr. 6 WEG aF.
164 „sonnengebräunter Weichkäse", Plenarprotokoll 19/157; siehe auch Antrag der FDP-Fraktion, BT-Drs. 19/18955.
165 Vgl. Hauschka/Moosmayer/Lösler/*Liese*, Corporate Compliance, § 7 Rn. 186.
166 Vgl. Hauschka/Moosmayer/Lösler/*Liese*, Corporate Compliance, § 7 Rn. 189.
167 Vgl. BT-Drs. 19/18791, 73.

erreichen ist. Die Vorschrift soll auch insbesondere die Führung eines Prozesses für die Gemeinschaft der Wohnungseigentümer erfassen, soweit eine Befassung der Versammlung der Wohnungseigentümer aufgrund der einzuhaltenden Fristen nicht möglich ist.[168]

167 Nach § 27 Abs. 2 WEG können die Wohnungseigentümer die Rechte und Pflichten nach Abs. 1 durch Beschluss einschränken oder erweitern. Diese Befugnis betrifft ausschließlich die **Geschäftsführung**, nicht aber die Vertretung, die nicht eingeschränkt werden kann.

168 Die Wohnungseigentümer haben damit die Möglichkeit, diejenigen Maßnahmen selbst zu definieren, deren Erledigung sie in die Verantwortung des Verwalters legen wollen. Dazu können sie etwa **Wertgrenzen** oder **Maßnahmenkataloge** aufstellen. Zugleich können sie dem Verwalter aber auch Maßnahmen im Einzelfall entziehen oder ihm zuweisen. Denkbar ist es auch, einzelne Handlungen des Verwalters (zum Beispiel Zahlungen ab einem bestimmten Betrag) von der Zustimmung eines Wohnungseigentümers oder eines Dritten abhängig zu machen.[169]

169 Die Vorschrift des § 27 Abs. 2 WEG regelt hiernach auch eine **Weisungsbefugnis** der Wohnungseigentümerversammlung gegenüber dem Verwalter. Diese besteht ebenso für die Gesellschafterversammlung einer GmbH gegenüber dem Geschäftsführer.[170] Wegen der Reichweite des Weisungsrechts kann auf das GmbH-Recht verwiesen werden.

170 Der Verwalter ist – auch wenn dies in § 27 WEG nicht ausdrücklich angesprochen ist – ferner dazu berechtigt und verpflichtet, die Beschlüsse, die die Wohnungseigentümerversammlung fasst, zu vollziehen.[171] Praktisch beinhaltet jeder Beschluss, den die Wohnungseigentümer fassen, die zumindest stillschweigende Weisung an den Verwalter, ihn auch dem **Vollzug** zuzuführen.

e) Wohnungseigentümer(versammlung)

171 Der Verband Wohnungseigentümergemeinschaft erfüllt die ihm zugewiesene Aufgabe, das gemeinschaftliche Eigentum zu verwalten,[172] durch seine Organe: Die Wohnungseigentümer in ihrer Gesamtheit sind als **Willensbildungsorgan** dazu berufen, die Verwaltungsentscheidungen zu treffen,[173] soweit nicht der Verwalter selbst entscheidungsbefugt ist.[174] Der Verwalter als **Ausführungs- und Vertretungsorgan** setzt diese Entscheidungen um und wird dabei durch den Verwaltungsbeirat – sofern vorhanden – unterstützt.[175]

---

168 BT-Drs. 19/18791, 73.
169 BT-Drs. 19/18791, 73.
170 Vgl. BeckOK GmbHG/Wisskirchen/*Kuhn* GmbHG § 37 Rn. 15 ff.
171 BT-Drs. 19/18791, 73.
172 § 18 Abs. 1 WEG.
173 § 19 WEG.
174 § 27 WEG.
175 Vgl. BT-Drs. 19/18791, 56.

§ 19 WEG eröffnet die Beschlusskompetenz der Wohnungseigentümer zur Regelung der Verwaltung und Benutzung durch Beschluss. Die Vorschrift entspricht inhaltlich hinsichtlich der Verwaltung § 21 Abs. 3 WEG aF, hinsichtlich der Benutzung § 15 Abs. 2 WEG aF.

172

§ 19 Abs. 1 WEG führt wie folgt aus:

173

Soweit die Verwaltung des gemeinschaftlichen Eigentums und die Benutzung des gemeinschaftlichen Eigentums und des Sondereigentums nicht durch Vereinbarung der Wohnungseigentümer geregelt sind, beschließen die Wohnungseigentümer eine ordnungsmäßige Verwaltung und Benutzung.

Die Beschlusskompetenz nach § 19 Abs. 1 WEG der Wohnungseigentümer steht weiter unter dem **Vereinbarungsvorbehalt**. Daraus ergibt sich vornehmlich, dass die Wohnungseigentümer Regelungen zur Gemeinschaftsordnung nur durch Vereinbarung iSd § 10 Abs. 1 S. 2 WEG treffen können. Eine solche Vereinbarung ist in Zukunft allerdings mehr als ein „nur" mehrseitiger schuldrechtlicher Vertrag. Sie ist zugleich Vereinbarung zwischen den Wohnungseigentümern und „körperschaftlicher" **Organisationsakt** in Abänderung der gesetzlichen Vorgaben zur Verfassung der Gemeinschaft der Wohnungseigentümer. Im Rahmen der Ein-Personen-Gemeinschaft ist sie nur körperschaftlicher Organisationsakt.

174

Der Begriff der ordnungsgemäßen Verwaltung wird in § 18 Abs. 2 WEG legaldefiniert. Eine **ordnungsgemäße Verwaltung** ist hiernach eine Verwaltung, die dem Interesse der Gesamtheit der Wohnungseigentümer nach billigem Ermessen entspricht.

175

Aus der Formulierung des § 19 Abs. 1 WEG „beschließen" anstelle von „können beschließen" soll sich die Pflicht der Wohnungseigentümer gegenüber dem Verband Wohnungseigentümer zur **Mitwirkung** an einer Beschlussfassung ergeben.[176] Kommt der Wohnungseigentümer dieser Pflicht nicht nach, haftet folglich der Verband Wohnungseigentümer hierfür, der sich dann ggf. im Regresswege gegenüber dem Wohnungseigentümer, der seiner Verpflichtung nicht nachgekommen ist, schadlos halten muss.

176

Hinsichtlich der §§ 23–25 WEG kann auf die Ausführungen zum Beschlusswesen verwiesen werden (→ Rn. 77 ff.).

177

f) Gemeinschaftsvermögen, § 9a Abs. 3 WEG

Das Gesetz führt unter § 9a Abs. 3 WEG den Begriff des Gemeinschaftsvermögens ein, der die Begrifflichkeit „Verwaltungsvermögen" nach § 10 Abs. 7 WEG aF ablöst. Hiermit soll die rechtliche Verselbstständigung des Verbandes Wohnungseigentümergemeinschaft verdeutlicht werden. § 9a Abs. 3 WEG regelt insoweit folgendermaßen:

178

---

176 BT-Drs. 19/18791, 56.

Für das Vermögen der Gemeinschaft der Wohnungseigentümer (Gemeinschaftsvermögen) gelten § 18, § 19 Absatz 1 und § 27 entsprechend.

179 Das Gemeinschaftsvermögen ist folglich – wie bisher das Verwaltungsvermögen – das Vermögen der Gemeinschaft der Wohnungseigentümer. Die Vorschrift sagt aus, dass das Gemeinschaftsvermögen weitgehend dem gemeinschaftlichen Eigentum gleichsteht, mit dem Unterschied, dass es sich aus der Sicht der Gemeinschaft bei dem Gemeinschaftsvermögen um **eigenes Vermögen** handelt. Insoweit kann auf die Gesetzesbegründung[177] verwiesen werden, die wie folgt ausführt:

„Daneben verweist er auf Vorschriften, die für die Verwaltung dieses Gemeinschaftsvermögens entsprechend gelten. Dabei stellt der Verweis auf § 18 WEG-E zunächst klar, dass die Verwaltung des Gemeinschaftsvermögens durch die Gemeinschaft der Wohnungseigentümer erfolgt (§ 18 Absatz 1 WEG-E). Jedem Wohnungseigentümer steht auch insoweit ein Anspruch gegen die Gemeinschaft der Wohnungseigentümer auf ordnungsmäßige Verwaltung und Benutzung zu (§ 18 Absatz 2 WEG-E). Jeder Wohnungseigentümer kann zudem sogenannte Notmaßnahmen im Sinne des § 18 Absatz 3 WEG-E auch im Hinblick auf das Gemeinschaftsvermögen treffen. Soweit der Verweis auch § 18 Absatz 4 WEG-E erfasst, dient dies nur der Klarstellung, denn der Begriff der Verwaltungsunterlagen schließt bereits begrifflich die Unterlagen ein, die im Rahmen der Verwaltung des Gemeinschaftsvermögens relevant sind. Der Verweis auf § 19 Absatz 1 WEG-E macht deutlich, dass über die Verwaltung und Benutzung des Gemeinschaftsvermögens durch Beschluss entschieden werden kann, soweit keine Vereinbarung der Wohnungseigentümer besteht. Schließlich gelten die Aufgaben und Befugnisse des Verwalters nach § 27 WEG-E für die Verwaltung des Gemeinschaftsvermögens entsprechend.

Darüber hinaus gelten für das Gemeinschaftsvermögen einzelne Vorschriften des § 16 WEG-E unmittelbar: Die Früchte des Gemeinschaftsvermögens sind nach Miteigentumsanteilen zu verteilen (§ 16 Absatz 1 Satz 1 und 2 WEG-E). Auch die Kosten sind grundsätzlich nach Miteigentumsanteilen zu tragen (§ 16 Absatz 2 Satz 1 WEG-E); eine abweichende Verteilung kann aber beschlossen werden (§ 16 Absatz 2 Satz 2 WEG-E).

Der Entwurf sieht hingegen keine unmittelbare oder entsprechende Anwendung der Vorschriften der § 16 Absatz 1 Satz 3 WEG-E und § 20 WEG-E vor. Denn sonst könnten Individualrechte einzelner Wohnungseigentümer auf Mitgebrauch und bauliche Maßnahmen in Bezug auf Sachen entstehen, die sich im Gemeinschaftsvermögen befinden. Solche Rechte sind schon in Anbe-

---

177 BT-Drs. 19/18791, 45 f.

tracht der bloßen Hilfsfunktion des Gemeinschaftsvermögens für die Verwaltung des gemeinschaftlichen Eigentums nicht gerechtfertigt. Sie könnten zudem eine wirtschaftlich sinnvolle Verwertung des Gemeinschaftsvermögens behindern."

Ein **Insolvenzverfahren** über das Gemeinschaftsvermögen findet gemäß § 9a Abs. 5 WEG nicht statt. Das war bereits nach bislang geltendem Recht so.[178] Im Hinblick auf das Bemühen des Gesetzgebers, die Wohnungseigentümergemeinschaften an das übrige Verbandsrecht anzupassen, wäre die Einführung einer Insolvenzfähigkeit durchaus konsequent gewesen.[179]

180

Die teilschuldnerische **Außenhaftung** der Wohnungseigentümer nach § 10 Abs. 8 WEG aF wird in § 9a Abs. 4 WEG weitgehend unverändert übernommen. Der bisherige § 10 Abs. 8 S. 4 WEG entfällt allerdings. Hierzu führt die Gesetzesbegründung[180] wie folgt aus:

181

„Der geltende § 10 Absatz 8 Satz 4 wird nicht übernommen. Er beschränkt die Haftung eines Wohnungseigentümers wegen nicht ordnungsmäßiger Verwaltung gegenüber der Gemeinschaft der Wohnungseigentümer auf dessen Miteigentumsquote. Damit soll die Umgehung der beschränkten Außenhaftung verhindert werden, könnte doch ein Gläubiger der Gemeinschaft der Wohnungseigentümer einen im Innenverhältnis unbegrenzten Anspruch pfänden. Diese Privilegierung ist indes nicht gerechtfertigt: Verletzt ein Wohnungseigentümer schuldhaft seine Pflichten und muss er deshalb nach allgemeinen Vorschriften der Gemeinschaft der Wohnungseigentümer für den entstehenden Schaden in voller Höhe einstehen, ist eine quotale Begrenzung dieser Einstandspflicht nicht angemessen. Wirtschaftlich führt sie zudem zu einer unbilligen Belastung der übrigen Wohnungseigentümer. An dieser Bewertung ändert auch eine mögliche Pfändung durch einen Gläubiger der Gemeinschaft der Wohnungseigentümer nichts. Denn für den verpflichteten Wohnungseigentümer spielt es keine Rolle, ob er von der Gemeinschaft der Wohnungseigentümer oder einem ihrer Gläubiger im Wege der Pfändung in Anspruch genommen wird."

g) Ausübung der Rechte und Pflichten aus dem gemeinschaftlichen Eigentum, § 9a Abs. 2 WEG

Die Gemeinschaft der Wohnungseigentümer ist nicht Eigentümer des gemeinschaftlichen Eigentums. Dieses verbleibt bei den Wohnungseigentümern, die in Bruchteilsgemeinschaft verbunden sind, wobei die gesetzlichen Regelungen der §§ 741 ff., 1008 ff. BGB weitgehend durch die Regelungen im WEG verdrängt werden. **Zweck der Gemeinschaft der Wohnungseigentümer** ist vornehmlich die

182

---
178 Vgl. § 11 Abs. 3 WEG.
179 Vgl. nur *Skauradszun* ZRP 2020, 34.
180 BT-Drs. 19/18791, 46 f.

Verwaltung des „fremden" gemeinschaftlichen Eigentums der Wohnungseigentümer. Das Gemeinschaftsvermögen der Gemeinschaft der Wohnungseigentümer steht folglich neben dem Miteigentum der Wohnungseigentümer an dem gemeinschaftlichen Eigentum. Die Rechte und Pflichten aus dem gemeinschaftlichen Eigentum liegen daher grundsätzlich bei den Miteigentümern und nicht bei der Gemeinschaft.

183 Um die Gemeinschaft die Verwaltung fremden Vermögens zu ermöglichen, hat der Gesetzgeber die Rechte im Außenverhältnis (!) den Wohnungseigentümern bisher im Rahmen der **geborenen und gekorenen Ausübungsbefugnis** nach § 10 Abs. 6 S. 3 WEG aF entzogen und auf die Gemeinschaft der Wohnungseigentümer übertragen. Es lassen sich folglich zwei Rechtskreise unterscheiden, in denen der Verband Wohnungseigentümergemeinschaft im Rechtsverkehr auftritt, einmal aus eigener Rechtsinhaberschaft und einmal aus fremder Rechtsinhaberschaft.

184 § 10 Abs. 6 S. 3 WEG aF regelte hierzu wie folgt:

Sie [Gemeinschaft der Wohnungseigentümer] übt die gemeinschaftsbezogenen Rechte der Wohnungseigentümer aus und nimmt die gemeinschaftsbezogenen Pflichten der Wohnungseigentümer wahr, ebenso sonstige Rechte und Pflichten der Wohnungseigentümer, soweit diese gemeinschaftlich geltend gemacht werden können oder zu erfüllen sind.

185 § 10 Abs. 6 S. 3 Alt. 1 WEG aF betraf die gemeinschaftsbezogenen Rechte und Pflichten, für die die Gemeinschaft der Wohnungseigentümer geboren, also ohne vorherige Beschlussfassung der Wohnungseigentümer, ausübungsbefugt ist. Eine **Gemeinschaftsbezogenheit** im Sinne der geborenen Ausübungsbefugnis lag vor, wenn schutzwürdige Belange der Wohnungseigentümer oder des Schuldners an einer einheitlichen Rechtsverfolgung das grundsätzlich vorrangige Interesse des Rechtsinhabers, seine Rechte selbst und eigenverantwortlich auszuüben und prozessual durchzusetzen, deutlich überwiegen.[181] Aus dieser Rechtsprechung haben sich bestimmte Fallgruppen von Rechten und Pflichten ergeben, die der geborenen Ausübungsbefugnis zuzuordnen waren.[182]

186 § 10 Abs. 6 S. 3 Alt. 2 WEG aF betraf die sonstigen Rechte und Pflichten der Wohnungseigentümer, für die der Verband Wohnungseigentümergemeinschaft gekoren, also nur mit vorheriger Beschlussfassung, ausübungsbefugt ist. Eine **Vergemeinschaftung** entsprach ordnungsgemäßer Verwaltung, wenn die Ausübung durch die Wohnungseigentümergemeinschaft der Rechts- oder Pflichtenwahrnehmung förderlich ist.[183]

---

181 BGH 24.7.2015 – V ZR 167/14, NJW 2015, 2874.
182 Vgl. nur *Hügel/Elzer* WEG § 10 Rn. 242 ff.
183 BGH 11.12.2015 – V ZR 180/14, NZM 2016, 360 mwN.

§ 10 Abs. 6 S. 3 WEG aF wurde durch § 9 Abs. 2 WEG ersetzt, der wie folgt ausführt: 187

Die Gemeinschaft der Wohnungseigentümer übt die sich aus dem gemeinschaftlichen Eigentum ergebenden Rechte sowie solche Rechte der Wohnungseigentümer aus, die eine einheitliche Rechtsverfolgung erfordern, und nimmt die entsprechenden Pflichten der Wohnungseigentümer wahr.

Das **Konzept** der geborenen und gekorenen Ausübungsbefugnis wird **aufgegeben**. 188

Nach § 9 Abs. 2 1. Alt. WEG übt der Verband Wohnungseigentümergemeinschaft sämtliche Rechte und Pflichten, die sich aus dem gemeinschaftlichen Eigentum ergeben, anstelle der Wohnungseigentümer aus („**Ansprüche aus Eigentum**"). Hierzu führt die Gesetzesbegründung[184] wie folgt aus: 189

„Diese gesetzliche Befugnis bezieht sich auf alle Rechte der Wohnungseigentümer, die aus dem Miteigentum am gemeinschaftlichen Eigentum fließen. Damit knüpft der Entwurf an die aus § 1011 BGB bekannte Formulierung an. Erfasst sind insbesondere Ansprüche aus § 1004 BGB wegen einer Beeinträchtigung des gemeinschaftlichen Eigentums. Nach dem Entwurf ist es Aufgabe der Gemeinschaft der Wohnungseigentümer, das gemeinschaftliche Eigentum zu verwalten (vergleiche § 18 Absatz 1 WEG-E). Folgerichtig verwaltet die Gemeinschaft der Wohnungseigentümer auch die sich aus dem gemeinschaftlichen Eigentum ergebenden Rechte."

Erfasst von dieser Ausübungsbefugnis sind also insbesondere die Ansprüche aus Eigentum nach den §§ 985 bis 1007 BGB, aber auch schuldrechtliche Ansprüche bspw. aus § 812 BGB.[185] Insbesondere die **Ansprüche aus § 1004 BGB** wegen einer Beeinträchtigung des gemeinschaftlichen Eigentums konnten vom Verband Wohnungseigentümergemeinschaft bisher lediglich im Rahmen einer gekorenen Ausübungsbefugnis nach § 10 Abs. 6 S. 3 2. Alt. WEG aF geltend gemacht werden.[186] 190

Ebenso wird den Wohnungseigentümern die Verwaltung des gemeinschaftlichen Eigentums auch im Innenverhältnis zwischen Verband Wohnungseigentümergemeinschaft und einzelnen Wohnungseigentümern durch § 18 Abs. 1 WEG entzogen. Ihnen verbleibt lediglich ein rechtlich entkerntes Eigentum am gemeinschaftlichen Eigentum. Die **Eigentumsrechte** der Wohnungseigentümer werden insoweit reduziert auf die Sozialansprüche gegen den Verband[187] sowie deren mitgliedschaftlichen Rechte. Hierzu führt die Gesetzesbegründung[188] aus: 191

---

184 BT-Drs. 19/18791, 44.
185 Vgl. BeckOK BGB/*Fritzsche* BGB § 1011 Rn. 3 ff.
186 Vgl. BGH 26.10.2018 – V ZR 328/17, NJW 2019, 1216.
187 Vgl. bspw. § 18 Abs. 2 WEG.
188 BT-Drs. 19/18791, 44.

„Die Vorschrift betrifft aber nur Rechte und Pflichten der Wohnungseigentümer, die nicht auf den Vorschriften des WEG beruhen; sogenannte Sozialansprüche und -pflichten fallen nicht in den Anwendungsbereich von § 9 a Absatz 2. Denn soweit das WEG den Wohnungseigentümern in einzelnen Vorschriften Rechte und Pflichten zuordnet, gehen diese Vorschriften der Anwendung von § 9 a Absatz 2 vor."

192 Darüber hinaus steht der Gemeinschaft der Wohnungseigentümer gem. § 9 Abs. 2 2. Alt. WEG die Ausübungsbefugnis an solchen Rechten und Pflichten der Wohnungseigentümer zu, die eine **einheitliche Rechtsverfolgung** erfordern (sonstige schuldrechtliche Ansprüche im Zusammenhang mit dem gemeinschaftlichen Eigentum). Diese Formulierung knüpft an die bisherige geborene Ausübungsbefugnis an und ersetzt die Formulierung „gemeinschaftsbezogenen Rechte und Pflichte" durch die Definition der Rechtsprechung. Im Rahmen des § 9 Abs. 2 2. Alt WEG verbleiben vornehmlich sonstige schuldrechtliche Ansprüche – wie bisher – im Zusammenhang mit dem gemeinschaftlichen Eigentum, ua Schadensersatzansprüche wegen Beeinträchtigung des gemeinschaftlichen Eigentums, die Vermietung des gemeinschaftlichen Eigentums und der Anspruch eines Erwerbers von Wohnungseigentum gegen den Bauträger auf Minderung und kleinen Schadenersatz.[189]

193 Die bisherige **gekorene Ausübungsbefugnis** wird aufgegeben. Hierunter fielen bisher vornehmlich die folgenden Ansprüche:
- Anspruch auf Beseitigung und Unterlassung einer Störung des gemeinschaftlichen Eigentums nach § 1004 BGB;
- Ansprüche der Wohnungseigentümer gegen den Bauträger aus dem Erwerbsvertrag, bspw. Geltendmachung primärer Mängelrechte im Hinblick auf das gemeinschaftliche Eigentum, Abnahme des gemeinschaftlichen Eigentums beim Erwerb, Geltendmachung kaufvertraglicher Nacherfüllungsansprüche von Erwerbern gem. §§ 437 Nr. 1, 439 BGB betreffend das gemeinschaftliche Eigentum, wenn diese Ansprüche – wie die werkvertraglichen Erfüllungs- und Nacherfüllungsansprüche – jeweils in vollem Umfang auf Beseitigung der Mängel am Gemeinschaftseigentum und damit auf das gleiche Ziel gerichtet sind.[190]

194 Der Anspruch auf **Beseitigung und Unterlassung** einer Störung des gemeinschaftlichen Eigentums nach § 1004 BGB fällt nunmehr bereits unter § 9 a Abs. 2 1. Alt WEG („Ansprüche aus Eigentum").

195 Der Anspruch eines Erwerbers von Wohnungseigentum gegen den **Bauträger** auf **Minderung und** kleinen Schadenersatz fiel nach bisheriger Rechtslage unter die

---

189 Vgl. *Hügel/Elzer* WEG § 10 Rn. 243, 270 ff.
190 Vgl. nur *Elzer/Hügel* WEG § 10 Rn. 247, 263, 276.

geborene Ausübungsbefugnis des § 10 Abs. 6 S. 3 Alt. 2 WEG[191] und somit auch unter § 9a Abs. 2 Alt. 2 WEG nF („Sonstige schuldrechtliche Ansprüche im Zusammenhang mit dem gemeinschaftlichen Eigentum").

Zu den weiteren Ansprüchen im Zusammenhang mit dem gemeinschaftlichen Eigentum aus dem Erwerbsvertrag mit Bauträgern führt die Gesetzesbegründung[192] wie folgt aus: 196

> „Die Rechtsprechung zum Bauträgervertragsrecht, wonach die Gemeinschaft der Wohnungseigentümer nach Beschlussfassung bestimmte Mängelrechte ausüben kann (zusammenfassend BGH Urt. v. 12.4.2007 – VII ZR 236/05 Randnummern 15 ff.), lässt der Entwurf unberührt. Denn diese Rechtsprechung beruht nicht auf dem geltenden § 10 Absatz 6 Satz 3, sondern ist schon zur Rechtslage vor der WEG-Novelle 2007 entwickelt worden. Die Streichung der gekorenen Ausübungsbefugnis nach dem geltenden § 10 Absatz 6 Satz 3 Halbsatz 2 hat daher keine Auswirkungen. Soweit in anderen Fällen Rechte eines Wohnungseigentümers durch die Gemeinschaft der Wohnungseigentümer verfolgt werden sollen, ist das ebenfalls nur noch nach allgemeinen Regeln möglich (zum Beispiel durch Übertragung des Rechts oder Einräumung einer Prozessstandschaft)."

In ständiger Rechtsprechung hat der BGH bereits vor der WEG-Novelle 2007 und Einführung des § 10 Abs. 6 S. 3 WEG aF die Auffassung vertreten, dass die Wohnungseigentümergemeinschaft im Rahmen der ordnungsgemäßen Verwaltung des gemeinschaftlichen Eigentums gem. § 21 Abs. 5 Nr. 2 WEG[193] die Ausübung der auf seine erstmalige **ordnungsgemäße Herstellung** gerichteten Rechte (ohne Gemeinschaftsbezug) der einzelnen Erwerber durch Mehrheitsbeschluss an sich ziehen kann.[194] 197

Nachdem der Anspruch auf Beseitigung und Unterlassung einer Störung des gemeinschaftlichen Eigentums nach § 1004 BGB nunmehr unter § 9a Abs. 2 1. Alt WEG („Ansprüche aus Eigentum") fällt und der verbleibenden Hauptanwendungsfall der gekorenen Ausübungsbefugnis die Geltendmachung der **Rechte gegen den Bauträger** betrifft, ist es wenig konsequent, die gekorene Ausübungsbefugnis zu streichen, dies auch noch mit dem gravierenden Eingriff in die durch Art. 2 Abs. 1 des GG geschützte Privatautonomie des Wohnungseigentümers zu rechtfertigen, zugleich aber die gleichen Rechtswirkungen aus dem regelungslosen Zustand vor der WEG-Novelle 2007 ableiten zu wollen. 198

---

191 Vgl. *Hügel/Elzer* WEG § 10 Rn. 243, 270.
192 BT-Drs. 19/18791, 44.
193 § 19 Abs. 2 Nr. 2 WEG.
194 Vgl. BGH 12.4.2007 – VII ZR 236/05, NJW 2007, 1952, Rn. 20; zum Ganzen Werner/Pastor/*Pastor* Rn. 473 ff.

199 Dabei ist auch zu berücksichtigen, dass die Verwaltung des gemeinschaftlichen Eigentums nunmehr der Gemeinschaft der Wohnungseigentümer obliegt und die Wohnungseigentümer verpflichtet sein sollen, eine **ordnungsgemäße Verwaltung** zu beschließen. In Anwendung der Rechtsprechung vor der Einführung der WEG-Novelle 2007 auf den Gesetzesentwurf läuft dies auf eine Rechtspflicht der Wohnungseigentümer hinaus, die Ausübung der auf die ordnungsgemäße Herstellung des gemeinschaftlichen Eigentums gerichteten Rechte (ohne Gemeinschaftsbezug) auf die Gemeinschaft der Wohnungseigentümer durch Mehrheitsbeschluss zu übertragen. Dann aber hätte man den Anwendungsfall des § 9a Abs. 2 Alt. 2 WEG auch gleich auf diese Fälle erweitern können.

200 Im Hinblick darauf, dass die Gemeinschaft der Wohnungseigentümergemeinschaft eine Vielzahl von Ansprüchen im WEG originär **als eigene Rechte** zugewiesen bekommt, hätte man die Ausübungsbefugnis ebenso durch originäre Ansprüche des Verbandes Wohnungseigentümergemeinschaft, die die Ansprüche des Wohnungseigentümers aus dem Eigentum vollständig verdrängt, regeln können.

h) Rechtsbeziehungen zwischen dem Verband Wohnungseigentümergemeinschaft und den einzelnen Wohnungseigentümern

201 Die Neuordnung des Wohnungseigentumsrechts durch das WEMoG und die Angleichung an das übrige Verbandsrecht geht zugleich mit einer **Neuordnung** des Verhältnisses zwischen der Gemeinschaft der Wohnungseigentümer und den einzelnen Wohnungseigentümern einher.

202 Da die Verwaltung des gemeinschaftlichen Eigentums sowohl im Außenverhältnis[195] als auch im Innenverhältnis[196] dem Verband Wohnungseigentümergemeinschaft obliegt, schafft der Regierungsentwurf **neue Rechte** und **Pflichten** zwischen Verband Wohnungseigentümergemeinschaft und den einzelnen Wohnungseigentümern.

203 Solche wechselseitigen Rechte und Pflichten werden im Gesellschaftsrecht als **Sozialansprüche** und **Sozialverbindlichkeiten** bezeichnet. Sozialansprüche sind die Ansprüche des Verbandes Wohnungseigentümergemeinschaft gegen seine Mitglieder, soweit diese auf dem Gemeinschaftsverhältnis beruhen. Sozialverbindlichkeiten sind spiegelbildlich hierzu die auf dem Gemeinschaftsverhältnis beruhenden Ansprüche der Mitglieder gegen den Verband Wohnungseigentümergemeinschaft. Unter die Sozialansprüche fielen bisher der Anspruch der Gemeinschaft der Wohnungseigentümer auf eine ausreichende Finanzausstattung sowie der Anspruch auf Zahlung des Hausgelds.[197]

---

195 § 9a Abs. 2 WEG.
196 § 18 Abs. 1 WEG.
197 Vgl. *Hügel/Elzer* WEG § 10 Rn. 217; vgl. hierzu die (ungerechtfertigte) Kritik des Gesetzesentwurfes zum bisherigen Rechtszustand BT-Drs. 19/18791, 29, 56.

II. Änderungen systematisch geordnet nach Stichworten

(1) Anspruch des Verbandes Wohnungseigentümergemeinschaft auf Mitwirkung an der Beschlussfassung

Der erste „neue" unscheinbare Sozialanspruch der Gemeinschaft der Wohnungseigentümer ergibt sich aus § 19 Abs. 1 WEG und der Formulierung „beschließen" anstelle von „können beschließen". Hieraus soll sich die Pflicht der Wohnungseigentümer gegenüber dem Verband Wohnungseigentümer zur **Mitwirkung** an einer Beschlussfassung ergeben.[198] Diese Pflicht zur Mitwirkung besteht dann, wenn das Ermessen, einen Beschluss zu fassen, auf null reduziert ist.[199]

204

Zwar obliegt der Gemeinschaft der Wohnungseigentümer die Verwaltung des gemeinschaftlichen Eigentums nach § 18 Abs. 1 WEG, hierbei ist sie aber auf ihr Organ „Wohnungseigentümerversammlung" und somit letztlich auf die einzelnen Wohnungseigentümer angewiesen. Hieraus ließe sich zumindest auf der Sekundärebene **Schadensersatzansprüche** der Gemeinschaft der Wohnungseigentümer gegen den sich verweigernden Wohnungseigentümer aus den §§ 280 Abs. 1 BGB, 19 Abs. 1 WEG ableiten. Die bisherige Haftung der Wohnungseigentümer untereinander scheidet aus.

205

Beispiel: Die Wohnungseigentumsgemeinschaft A-Straße führt eine Beschlussfassung über eine zwingend erforderliche Erneuerungsmaßnahme am gemeinschaftlichen Eigentum durch. Der Beschluss wird mehrheitlich abgelehnt. Dem Wohnungseigentümer B entsteht durch die unterlassene Erneuerungsmaßnahme an dem gemeinschaftlichen Eigentum ein Schaden an seinem Sondereigentum.

206

Durch den ablehnenden Beschluss wird die Gemeinschaft der Wohnungseigentümer an der Wahrnehmung ihrer Pflichten zur Verwaltung des gemeinschaftlichen Eigentums nach § 18 Abs. 1 WEG gehindert. Grundsätzlich hat die Gemeinschaft der Wohnungseigentümer als Rechtsperson zwar nach § 19 Abs. 1 WEG einen Anspruch gegen die einzelnen Wohnungseigentümer auf eine zustimmende Beschlussfassung zu einer erforderlichen Erhaltungsmaßnahme. Diesen Anspruch wird die Gemeinschaft auf der **Primärebene** aber wohl kaum auf dem Rechtsweg durchsetzen können. Sie kann weder die Beschlussfassungen ihres Organes „Wohnungseigentümerversammlung" anfechten noch eine Beschlussersetzungsklage gegen sich selbst erheben. Sie muss das pflichtwidrige Verhalten der Wohnungseigentümer, die den ablehnenden Beschluss verursacht haben, vielmehr dulden und kann etwaige sich hieraus ergebenen Schadensersatzansprüche gegen die verantwortlichen Wohnungseigentümer lediglich liquidieren. Hierin kommt letztlich die nur treuhänderische Funktion des Verbandes Wohnungseigentümergemeinschaft, der lediglich fremdes Eigentum verwaltet, zum Ausdruck.

207

Der geschädigte Wohnungseigentümer kann wiederum Schadensersatzansprüche gegen den Verband Wohnungseigentümergemeinschaft aus § 280 BGB iVm § 18 Abs. 1 WEG geltend machen. Ein verschuldensunabhängiger Aufopferungsan-

208

---
198 BT-Drs. 19/18791, 56.
199 Vgl. *Hügel/Elzer* WEG § 19 Rn. 10, § 18 Rn. 85 ff.

79

spruch nach § 906 Abs. 2 BGB scheidet aus. Die Gemeinschaft der Wohnungseigentümer haftet für **Pflichtverletzungen ihres Organs** Wohnungseigentümergemeinschaft. Damit der einzelne **Wohnungseigentümers** seinen Schadensersatzanspruch erhält, muss er wohl weiterhin gegen die ablehnende Beschlussfassung im Wege der Anfechtungsklage verbunden mit der Beschlussersetzungsklage vorgehen. Eine Kürzung des Schadensersatzanspruches des Wohnungseigentümers um den Eigenanteil scheidet aus.[200]

209 Damit die Gemeinschaft der Wohnungseigentümer im **Regressprozess** gegen die verantwortlichen Wohnungseigentümer nicht in eine schwierige Beweislage gerät, sollte sie sich regelmäßig erst selbst von dem geschädigten Wohnungseigentümer verklagen lassen. Im Rahmen der Schadensersatzklage des Wohnungseigentümers gegen die Gemeinschaft der Wohnungseigentümer kann diese denjenigen Wohnungseigentümern, die an der erforderliche Beschlussfassung nicht mitgewirkt haben, nach den §§ 72 ff. ZPO den Streit verkünden und im Anschluss einen etwaigen titulierten Schadensersatzanspruch im Wege des Regressprozesses auf die verantwortlichen Wohnungseigentümer abwälzen. Daneben kommt unter Umständen auch ein Parallelprozess gegen die verantwortlichen Wohnungseigentümer auf Freihaltung von der Schadensersatzforderung in Betracht. Der **Schadensersatzanspruch der Gemeinschaft** der Wohnungseigentümer gründet sich auf § 280 BGB iVm § 19 Abs. 1 WEG.

210 Ob die Gemeinschaft der Wohnungseigentümer auch die Kosten des Erstprozesses auf die verantwortlichen Wohnungseigentümer abwälzen kann, ist fraglich. Nach hier vertretener Ansicht ist dies der Fall, sofern die Gemeinschaft die verantwortlichen Wohnungseigentümer frühzeitig und vorsorglich vorgerichtlich auf Freihaltung in Anspruch nimmt.

(2) Anspruch der Gemeinschaft auf Einhaltung gesetzlicher Regelungen, Vereinbarungen und Beschlüsse, § 14 Abs. 1 Nr. 1 WEG

211 Ein weiterer Sozialanspruch ist in § 14 Abs. 1 Nr. 1 WEG geregelt. Dieser führt wie folgt aus:

Jeder Wohnungseigentümer ist gegenüber der Gemeinschaft der Wohnungseigentümer verpflichtet, die gesetzlichen Regelungen, Vereinbarungen und Beschlüsse einzuhalten.

212 Die Gesetzesbegründung[201] erläutert dazu wie folgt:

„§ 14 Absatz 1 Nummer 1 begründet die Pflicht jedes Wohnungseigentümers, das in der Gemeinschaft geltende Regelwerk einzuhalten. Dieses Regelwerk setzt sich aus den Vorschriften des WEG sowie den Vereinbarungen und den Beschlüssen der Wohnungseigentümer zusammen. Inhaltlich tritt die Vorschrift damit an die Stelle der geltenden § 15 Absatz 3 und § 21 Absatz 4.

---

[200] Vgl. hierzu zu dem ehemals geltenden § 14 WEG, BeckOK WEG/*Müller* WEG § 14 Rn. 210 f.
[201] BT-Drs. 19/18791, 50.

Dabei wird die unnötige Differenzierung zwischen Verwaltung und Gebrauch aufgegeben. Der Anspruch wird zudem allein der Gemeinschaft der Wohnungseigentümer zugewiesen. Denn soweit ein Verstoß gegen das Regelwerk keinen Wohnungseigentümer konkret, insbesondere in seinem Sondereigentum, beeinträchtigt, ist es sachgerecht, dass die damit zusammenhängenden Auseinandersetzungen nicht zwischen einzelnen Wohnungseigentümern geführt werden, sondern mit der Gemeinschaft der Wohnungseigentümer (vergleiche auch die Begründung zu § 14 Absatz 2 Nummer 1)."

Besteht eine Regelung iSd § 14 Abs. 1 Nr. 1 WEG, kann die Gemeinschaft der Wohnungseigentümer verlangen, dass sich die einzelnen Wohnungseigentümer daran halten. § 14 Abs. 1 Nr. 1 WEG nennt hierbei den **Dreiklang** „Gesetzliche Regelungen, Vereinbarungen und Beschlüsse", die das Regelwerk der Wohnungseigentümergemeinschaft bilden. 213

Geht es um den Gebrauch des gemeinschaftlichen Eigentums oder des Sondereigentums, ist der Anwendungsbereich des § 14 Abs. 1 Nr. 1 WEG von dem des § 14 Abs. 2 Nr. 1 WEG abzugrenzen. 214

Nach § 14 Abs. 2 Nr. 1 WEG sollen die Wohnungseigentümer untereinander verpflichtet sein, das Sondereigentum der übrigen Wohnungseigentümer nicht über das in § 14 Abs. 1 Nr. 2 WEG bestimmte Maß zu beeinträchtigen. Die Wohnungseigentümer sollen also weiter berechtigt sein, bei **Störungen** ihres Sondereigentums direkt gegen den störenden Wohnungseigentümer vorzugehen.[202] 215

An dieser Stelle stellt sich die Frage, in welchem Verhältnis die Ansprüche der Gemeinschaft der Wohnungseigentümer aus § 14 Abs. 1 Nr. 1 WEG zu den Ansprüchen der einzelnen Wohnungseigentümer gegenüber störenden Wohnungseigentümern aus § 14 Abs. 2 Nr. 1 WEG stehen und ob diese in **Konkurrenz** treten können. 216

Der Gesetzesentwurf unterscheidet in der Begründung zwischen **abstrakten** und **konkreten Streitigkeiten** über die Grenzen des zulässigen Gebrauchs des gemeinschaftlichen Eigentums und des Sondereigentums.[203] 217

Liegt keine konkrete Störung des Sondereigentums vor, soll ausschließlich die Gemeinschaft der Wohnungseigentümer legitimiert sein, die Frage der Grenzen des Gebrauchs mit dem jeweiligen Wohnungseigentümer durch Geltendmachung des Anspruchs nach § 14 Abs. 1 Nr. 1 WEG zu klären. Der Wohnungseigentümer wird dann auf seinen Anspruch auf **ordnungsgemäße Benutzung** des Sondereigentums nach § 18 Abs. 1 Nr. 2 WEG gegen den Verband Wohnungseigentümergemeinschaft verwiesen. Tritt hingegen eine konkrete Beeinträchtigung des Sondereigentums ein, so soll der betroffene Wohnungseigentümer gegen den stören- 218

---
202 Vgl. auch BT-Drs. 19/18791, 57.
203 Vgl. auch BT-Drs. 19/18791, 50, 57; kritisch *Weber* IMR 2020, 1036.

den Wohnungseigentümer nach § 14 Abs. 2 Nr. 1 WEG iVm § 1004 BGB (das Sondereigentum betreffend) vorgehen können. Dies ist im Gesetzestext dadurch angelegt, dass § 14 Abs. 2 Nr. 1 WEG eine „Beeinträchtigung" voraussetzt, § 14 Abs. 1 Nr. 1 WEG indes nicht.

219 Sobald der Gebrauch des gemeinschaftlichen Eigentums oder des Sondereigentums durch einen Wohnungseigentümer das Sondereigentum eines anderen Wohnungseigentümers konkret beeinträchtigt, kann sich der **störende Wohnungseigentümer** nicht nur Unterlassungs- und Beseitigungsansprüchen der Gemeinschaft der Wohnungseigentümer nach § 14 Abs. 1 Nr. 1 WEG, sondern auch solchen der gestörten Wohnungseigentümern aus § 14 Abs. 1 Nr. 2 WEG ausgesetzt sehen.

220 **Beispiel:** Der Wohnungseigentümer A hält in seiner Wohnung zwei Kampfhunde, die, sobald der Wohnungseigentümer A außer Haus ist, massiven Lärm verursachen und seine Nachbarn, insbesondere den Wohnungseigentümer B, der unmittelbar neben dem Wohnungseigentümer A wohnt, erheblich stört. Sofern er mit den Hunden ausgeht, führt er diese unangeleint durch das Treppenhaus. Die Hausordnung verbietet die Haltung von Kampfhunden.

221 In diesem Fall kann der Verband Wohnungseigentümergemeinschaft gegen den **störenden** Wohnungseigentümer aus § 14 Abs. 1 Nr. 1 WEG iVm § 1004 BGB, 9a Abs. 2 Alt. 1 WEG-E (das gemeinschaftliches Eigentum betreffend) als auch der einzelne Wohnungseigentümer aus § 14 Abs. 2 Nr. 1 WEG iVm § 1004 BGB (das Sondereigentum betreffend) gegen den Wohnungseigentümer A auf Unterlassung und Beseitigung vorgehen.

222 Für die Durchsetzung des Anspruchs des Verbandes Wohnungseigentümergemeinschaft aus § 14 Abs. 1 Nr. 1 WEG gegen den einzelnen Wohnungseigentümer bedarf es einen vorherigen **Beschlusses** der Wohnungseigentümerversammlung.

223 Wird der Beschluss abgelehnt, bleibt dem einzelnen Wohnungseigentümer insoweit nur die Erhebung der **Anfechtungsklage** nach § 44 Abs. 1 Alt. 1 WEG verbunden mit der Geltendmachung des Anspruchs aus § 18 Abs. 2 Nr. 2 WEG im Wege der Beschlussersetzungsklage nach § 44 Abs. 1 S. 2 WEG.

(3) Anspruch der Gemeinschaft der Wohnungseigentümer auf Duldung von Einwirkungen auf das gemeinschaftliche Eigentum und das Sondereigentum

224 Ein weiterer Sozialanspruch wird durch § 14 Abs. 1 Nr. 2 WEG geregelt, in dem zugleich § 14 Nr. 4 Hs. 1 WEG aF aufgeht. Die Vorschrift regelt wie folgt:

Jeder Wohnungseigentümer ist gegenüber der Gemeinschaft der Wohnungseigentümer verpflichtet, das Betreten seines Sondereigentums und andere Einwirkungen auf dieses und das gemeinschaftliche Eigentum zu dulden, die den Vereinbarungen oder Beschlüssen entsprechen oder, wenn keine entsprechenden Vereinbarungen oder Beschlüsse bestehen, aus denen ihm über das bei einem geordneten Zusammenleben unvermeidliche Maß hinaus kein Nachteil erwächst.

Aus der Vorschrift folgt vor allem die Pflicht, **Erhaltungs- und andere Baumaß-** 225
nahmen zu dulden, die durch die Gemeinschaft der Wohnungseigentümer durchgeführt werden.[204] Geregelt sind aber Einwirkungen jeglicher Art.

§ 14 Abs. 1 Nr. 2 1. Alt. WEG setzt Einwirkungen auf das Sondereigentum oder 226
das gemeinschaftliche Eigentum voraus, die den Vereinbarungen oder Beschlüssen entsprechen. Eine **Einwirkung** setzt zunächst eine durch eine Handlung verursachte Beeinträchtigung des Sondereigentums oder gemeinschaftlichen Eigentums voraus, die sinnlich wahrnehmbar oder zumindest physikalisch feststellbar ist. Bei einer Beschlussfassung muss der Wohnungseigentümergemeinschaft eine Beschlusskompetenz zustehen, was bei Einwirkungen auf das Sondereigentum nur der Fall ist, wenn es eine Maßnahme an dem gemeinschaftlichen Eigentum beschlossen wird und die beschlossene Maßnahme lediglich auf das Sondereigentum ausstrahlt. Geht es bei der Einwirkung um das Betreten der Wohnung, muss unter der gebotenen Berücksichtigung von Art. 13 GG sowohl das Betreten als auch deren Zweck erforderlich sein.[205] Als Rechtsfolge wird die **Duldungspflicht des Wohnungseigentümers** gegenüber dem Verband Wohnungseigentümergemeinschaft angeordnet. Verweigert der Wohnungseigentümer bspw. den Zugang zur Wohnung, so muss der Verband Wohnungseigentümergemeinschaft gegen ihn – wie bisher – in einem Verfahren nach § 43 WEG einen Duldungstitel erwirken. Ist die Wohnung vermietet, kann der Verband Wohnungseigentümergemeinschaft auch den Mieter unter den Voraussetzungen des § 15 WEG auf Duldung in Anspruch nehmen. Ob darüber hinaus ein Anspruch der Gemeinschaft gegen den Mieter aus § 1004 BGB in Betracht kommt, ist fraglich.[206] Es spricht einiges dafür, dass § 15 WEG als abschließende Regelung aufzufassen ist.

§ 14 Abs. 2 Nr. 2 2. Alt WEG regelt etwaige Duldungspflichten für den Fall, dass 227
weder eine Vereinbarung noch ein Beschluss vorliegt. Die Duldungspflicht des Wohnungseigentümers setzt dann voraus, dass Einwirkungen auf das gemeinschaftliche Eigentum oder Sondereigentum vorliegen, aus denen ihm über das bei einem geordneten Zusammenleben unvermeidliche Maß hinaus kein Nachteil erwächst. Die Vorschrift hat lediglich **Auffangcharakter** und betrifft vornehmlich nur solche Einwirkungen auf das gemeinschaftliche Eigentum und Sondereigentum, die die Verwaltung des gemeinschaftlichen Eigentums mit sich bringt und für die ein Beschluss nach § 27 Abs. 1 WEG nicht erforderlich ist, insbesondere Notmaßnahmen iSd § 27 Abs. 1 Nr. 2 WEG.

Der verschuldensunabhängige **Aufopferungsanspruch** des § 14 Nr. 4 Hs. 2 WEG 228
aF geht in § 14 Abs. 3 WEG auf, der wie folgt regelt:

---

204 BT-Drs. 19/18791, 50.
205 Vgl. Bärmann/*Suilmann* WEG § 14 Rn. 60.
206 Vgl. hierzu Jennißen/*Hogenschurz* WEG § 14 Rn. 18 a.

Hat der Wohnungseigentümer eine Einwirkung zu dulden, die über das zumutbare Maß hinausgeht, kann er einen angemessenen Ausgleich in Geld verlangen.

229 Die Gesetzesbegründung führt hierzu wie folgt aus:

„Nach § 14 Absatz 3 kann ein Wohnungseigentümer, der eine Einwirkung zu dulden hat, die über das zumutbare Maß hinausgeht, angemessenen Ausgleich in Geld verlangen. Die Vorschrift tritt inhaltlich an die Stelle des geltenden § 14 Nummer 4 Halbsatz 2, der allgemein als Ausprägung des Aufopferungsgedankens eingeordnet wird (vergleiche etwa BGH Urt. v. 11.12.2002 – IV ZR 226/01). § 14 Absatz 3 gestaltet den Anspruch in diesem Sinne als Aufopferungsanspruch aus. Tatbestandlich genügt deshalb nicht jede Einwirkung, sondern es fallen nur solche Einwirkungen unter die Regelung, die über das zumutbare Maß im Sinne einer Sonderopfergrenze hinausgehen. Es handelt sich dabei, wie sich schon aus dem Wortlaut ergibt, um einen von § 14 Absatz 1 Nummer 2 abweichenden Maßstab. Ein Verschulden ist nicht notwendig. Auf Rechtsfolgenseite ist nicht jeder adäquat-kausal verursachte Schaden zu ersetzen, sondern eine angemessene Entschädigung zu leisten. Der Wortlaut lehnt sich an § 906 Absatz 2 Satz 2 BGB an, so dass auf die für dessen Auslegung entwickelten Grundsätze zurückgegriffen werden kann.

Verpflichtet ist derjenige, zu dessen Gunsten die Duldungspflicht besteht, also entweder die Gemeinschaft der Wohnungseigentümer (in den Fällen des § 14 Absatz 1 Nummer 2) oder ein anderer Wohnungseigentümer (in den Fällen des § 14 Absatz 2 Nummer 2)."

230 Der **Entschädigungsanspruch** nach § 14 Abs. 3 WEG setzt folglich eine Einwirkung voraus, die der Wohnungseigentümer zu dulden hat und die über das zumutbare Maß hinausgeht.

231 Anders als der bisherige Aufopferungsanspruch nach § 14 Nr. 4 Hs. 2 WEG gewährt der Anspruch nur noch eine **angemessene Entschädigung**, die sich an § 906 Abs. 2 S. 2 BGB zu orientieren hat. Allerdings kann auch im Rahmen des § 906 Abs. 2 BGB insbesondere bei Substanzeingriffen der Ausgleichsanspruch die Höhe eines vollen Schadensersatzes erreichen.[207] Im Rahmen von Erhaltungsmaßnahmen am gemeinschaftlichen Eigentum, die einen Eingriff in das Sondereigentum erfordern, sollte daher an der BGH-Rechtsprechung zu § 14 Nr. 4 Hs. 2 WEG aF festgehalten werden, wonach der Schaden zu ersetzen ist, der adäquat kausal durch das Betreten oder die Benutzung der im Sondereigentum stehenden Gebäudeteile zur Instandsetzung und Instandhaltung des Gemeinschaftseigentums verursacht worden ist.[208]

---

[207] BeckOK BGB/*Fritzsche* BGB § 906 Rn. 85.
[208] BGH 9.12.2016 – V ZR 124/16, ZWE 2017, 216 Rn. 22; vgl. zum Umfang des Anspruchs bspw. *Hügel/Elzer* WEG § 14 Rn. 51; *Bärmann/Suilmann* WEG § 14 Rn. 76 ff.

(4) Anspruch der Wohnungseigentümer auf ordnungsgemäße Verwaltung des gemeinschaftlichen Eigentums nach § 18 Abs. 2 Nr. 1 WEG

Jeder Wohnungseigentümer kann nach § 18 Abs. 2 Nr. 1 WEG von dem Verband Wohnungseigentümergemeinschaft eine Verwaltung des gemeinschaftlichen Eigentums verlangen, die die dem Interesse der Gesamtheit der Wohnungseigentümer nach billigem Ermessen (**ordnungsmäßige Verwaltung und Benutzung**) und, soweit solche bestehen, den gesetzlichen Regelungen, Vereinbarungen und Beschlüssen entsprechen. 232

Der Anspruch entspricht seinem Inhalt nach § 21 Abs. 4 WEG aF. Er besteht gegenüber der Gemeinschaft der Wohnungseigentümer. 233

(5) Anspruch der Wohnungseigentümer auf ordnungsgemäße Benutzung des gemeinschaftlichen Eigentums und des Sondereigentums nach § 18 Abs. 2 Nr. 2 WEG

Jeder Wohnungseigentümer kann nach § 18 Abs. 2 Nr. 2 WEG von der Gemeinschaft der Wohnungseigentümer eine Benutzung des gemeinschaftlichen Eigentums und des Sondereigentums verlangen, die die dem Interesse der Gesamtheit der Wohnungseigentümer nach billigem Ermessen (**ordnungsmäßige Verwaltung und Benutzung**) und, soweit solche bestehen, den gesetzlichen Regelungen, Vereinbarungen und Beschlüssen entsprechen. 234

Die Gesetzesbegründung[209] führt hierzu wie folgt aus: 235

> „Nach § 18 Absatz 2 Nummer 2 hat jeder Wohnungseigentümer einen Anspruch gegen die Gemeinschaft der Wohnungseigentümer darauf, dass das gemeinschaftliche Eigentum und das Sondereigentum entsprechend den gesetzlichen Regelungen, Vereinbarungen und Beschlüssen und, falls solche nicht bestehen, entsprechend dem Interesse der Gesamtheit der Wohnungseigentümer nach billigem Ermessen benutzt wird. Der Anspruch entspricht seinem Inhalt nach dem geltenden § 15 Absatz 3; der Begriff der Benutzung ist gleichbedeutend mit dem Begriff des Gebrauchs und wird lediglich gewählt, um eine sprachliche Verknüpfung mit dem ebenfalls femininen Begriff der Verwaltung zu ermöglichen.
>
> Anders als der Anspruch nach dem geltenden § 15 Absatz 3 besteht der Anspruch nach § 18 Absatz 2 Nummer 2 nur gegenüber der Gemeinschaft der Wohnungseigentümer. § 18 Absatz 2 Nummer 2 Vorschrift gibt einem Wohnungseigentümer demnach nicht das Recht, von einem anderen Wohnungseigentümer die Unterlassung eines Gebrauchs zu verlangen, der gegen das in der Gemeinschaft geltende Regelwerk verstößt, etwa gegen die Hausordnung. Diese Vorschrift gewährt dem Wohnungseigentümer lediglich einen Anspruch darauf, dass die Gemeinschaft der Wohnungseigentümer tätig wird; gegenüber der Gemeinschaft der Wohnungseigentümer ist wiederum jeder Woh-

---

209 BT-Drs. 19/18791, 57.

nungseigentümer verpflichtet, das in der Gemeinschaft geltende Regelwerk einzuhalten (vergleiche § 14 Absatz 1 Nummer 1 WEG-E).

Durch diese Zuordnung werden abstrakte Streitigkeiten zwischen einzelnen Wohnungseigentümern über die Grenzen des zulässigen Gebrauchs vermieden. Derartige Konflikte sollen einheitlich über die Gemeinschaft der Wohnungseigentümer gelöst werden, etwa durch eine entsprechende Beschlussfassung. Der Abwehr konkreter Beeinträchtigungen steht § 18 Absatz 2 Nummer 2 aber nicht entgegen. Wird ein Wohnungseigentümer durch einen unzulässigen Gebrauch eines anderen Wohnungseigentümers in seinem Sondereigentum oder einem anderen absoluten Recht beeinträchtigt, hat er einen gegen diesen gerichteten Unterlassungsanspruch nach den allgemeinen Vorschriften, insbesondere nach § 14 Absatz 2 Nummer 1 WEG-E und nach § 1004 BGB."

236   Die Unterscheidung zwischen **konkreten und abstrakten Streitigkeiten** über die Grenzen des zulässigen Gebrauchs ist nicht unproblematisch. Sie können zu einer Vervielfachung der gerichtlichen Verfahren führen. Sofern sich der „gestörte" Wohnungseigentümer nicht sicher ist, ob eine Beeinträchtigung des Sondereigentums iSd § 14 Abs. 2 Nr. 1 WEG vorliegt, könnte er versuchen, neben einer Klage gegen den vermeintlich „störenden" Wohnungseigentümer eine Beschlussfassung über die Geltendmachung des Anspruchs des Verbandes nach § 14 Abs. 1 Nr. 1 WEG herbeizuführen und, sofern der Beschluss abgelehnt wird, gegen den Verband aus § 18 Abs. 2 Nr. 2 WEG im Wege der Beschlussersetzungsklage nach § 44 Abs. 1 S. 2 WEG vorgehen, verbunden mit der Anfechtungsklage nach § 44 Abs. 1 S. 1 Alt. 1 WEG gegen den Negativbeschluss. In diesem Fall wären zwei Verfahren anhängig. Obsiegt der Wohnungseigentümer gegen den Verband Wohnungseigentümergemeinschaft, muss dieser ebenfalls gegen den vermeintlich „störenden" Wohnungseigentümer vorgehen, sofern auch eine abstrakte Streitigkeit über die Grenzen des zulässigen Gebrauchs gegeben ist. Dies wäre das dritte Verfahren im Zusammenhang mit einem einzigen Lebenssachverhalt.

(6) Berechtigung der Wohnungseigentümer zur Durchführung von Notmaßnahmen in Bezug auf das gemeinschaftliche Eigentum nach § 18 Abs. 3 WEG

237   Der bislang geltende § 21 Abs. 2 WEG aF geht in § 18 Abs. 3 WEG wortgleich auf. Danach ist jeder Wohnungseigentümer berechtigt, ohne Zustimmung der anderen Wohnungseigentümer **Maßnahmen** zu treffen, die zur Abwendung eines dem gemeinschaftlichen Eigentum unmittelbar drohenden Schadens notwendig sind.

(7) Anspruch auf Einsicht in die Verwaltungsunterlagen, § 18 Abs. 4 WEG, und Anspruch auf Zurverfügungstellung des Vermögensberichts, § 28 Abs. 3 S. 2 WEG

238   Wegen des Anspruchs auf Einsicht der Wohnungseigentümer in die **Verwaltungsunterlagen** gegen den Verband Wohnungseigentümergemeinschaft wird auf die

Ausführungen unter → Rn. 256, wegen des Anspruchs auf Zurverfügungstellung des Vermögensberichts auf die Ausführungen unter → Rn. 252 ff. verwiesen.

i) Rechtsbeziehungen zwischen den Wohnungseigentümern untereinander, § 14 Abs. 2 und 3 WEG

Die Rechtsbeziehungen der Wohnungseigentümer untereinander werden vornehmlich durch § 14 Abs. 2 und 3 WEG geregelt.

239

Nach § 14 Abs. 2 Nr. 1 WEG ist jeder Wohnungseigentümer gegenüber den übrigen Wohnungseigentümern verpflichtet, deren **Sondereigentum** nicht über das in § 14 Abs. 1 Nr. 2 WEG bestimmte Maß hinaus zu beeinträchtigten. Die Gesetzesbegründung[210] führt hierzu wie folgt aus:

240

> „§ 14 Absatz 2 Nummer 1 begründet die Pflicht jedes Wohnungseigentümers, fremdes Sondereigentum nicht durch ein Verhalten zu beeinträchtigen, das den Vereinbarungen oder Beschlüssen widerspricht. Soweit entsprechende Vereinbarungen und Beschlüsse fehlen, ist jeder Wohnungseigentümer verpflichtet, Beeinträchtigungen zu unterlassen, aus denen einem anderen Wohnungseigentümer ein Nachteil erwächst, der über das bei einem geordneten Zusammenleben unvermeidliche Maß hinausgeht. Die Vorschrift entspricht inhaltlich dem geltenden § 14 Nummer 1.
>
> Die Vorschrift ist auf die Abwehr von Beeinträchtigungen des Sondereigentums beschränkt. Die Pflicht, das gemeinschaftliche Eigentum nicht zu beeinträchtigen, besteht nach dem Entwurf nur gegenüber der Gemeinschaft der Wohnungseigentümer (vergleiche § 14 Absatz 1 Nummer 1). Dadurch werden die Zuständigkeiten zur Abwehr von Beeinträchtigungen sachgerecht geordnet:
>
> Die Abwehr von Beeinträchtigungen des gemeinschaftlichen Eigentums ist Aufgabe der Gemeinschaft der Wohnungseigentümer, da ihr die Verwaltung des gemeinschaftlichen Eigentums zugewiesen ist (vergleiche § 18 Absatz 1 WEG-E). Materiellrechtlich hat zwar jeder Wohnungseigentümer einen Anspruch aus § 1004 BGB, dass Beeinträchtigungen des gemeinschaftlichen Eigentums unterbleiben. § 9a Absatz 2 WEG-E weist die Ausübung dieser Ansprüche aber der Gemeinschaft der Wohnungseigentümer zu.
>
> Beeinträchtigungen des Sondereigentums kann dagegen jeder Wohnungseigentümer selbst abwehren. Als Anspruchsgrundlage kommen sowohl § 14 Absatz 2 Nummer 1 als auch § 1004 BGB in Betracht.
>
> Auch die von konkreten Beeinträchtigungen losgelöste Pflicht der Wohnungseigentümer, das in der Gemeinschaft geltende Regelwerk einzuhalten, besteht nur gegenüber der Gemeinschaft der Wohnungseigentümer (vergleiche § 14

---

210 BT-Drs. 19/18791, 51.

Absatz 1 Nummer 1). Eine dem geltenden § 15 Absatz 3 entsprechende Regelung, nach der die Wohnungseigentümer untereinander einen den Vereinbarungen und Beschlüssen (zum Beispiel der Hausordnung) entsprechenden Gebrauch verlangen können, sieht der Entwurf nicht vor. Denn soweit ein Verstoß gegen das Regelwerk keinen Wohnungseigentümer konkret beeinträchtigt, ist es sachgerecht, dass die damit zusammenhängenden Auseinandersetzungen nicht zwischen einzelnen Wohnungseigentümern geführt werden, sondern mit der Gemeinschaft der Wohnungseigentümer."

241 Ein Anspruch des einzelnen Wohnungseigentümers aus § 14 Abs. 2 Nr. 1 WEG iVm § 1004 BGB (das Sondereigentum betreffend) auf **Unterlassung bzw. Beseitigung** gegen einen anderen Wohnungseigentümer setzt danach voraus, dass

- ein Wohnungseigentümer fremdes Sondereigentum beeinträchtigt und
- die Beeinträchtigungen den Vereinbarungen oder Beschlüssen widersprechen oder, wenn keine entsprechen Vereinbarungen oder Beschlüsse bestehen, dem gestörten Wohnungseigentümer hieraus über das bei einem geordneten Zusammenleben unvermeidliche Maß ein Nachteil erwächst.

242 Wegen des Begriffs der Beeinträchtigung kann auf § 1004 BGB verwiesen werden. Hinsichtlich des **Nachteils** bei Nichtbestehen von Vereinbarungen oder Beschlüssen ist auf die Rechtsprechung und Literatur zu § 14 Nr. 1 WEG aF zu verweisen.

243 Nach § 14 Abs. 2 Nr. 2 WEG ist jeder Wohnungseigentümer gegenüber den übrigen Wohnungseigentümern verpflichtet, **Einwirkungen** nach Maßgabe des § 14 Abs. 1 Nr. 2 WEG zu dulden. Die Gesetzesbegründung[211] führt hierzu wie folgt aus:

„§ 14 Absatz 2 Nummer 2 verpflichtet die Wohnungseigentümer untereinander – parallel zur Pflicht gegenüber der Gemeinschaft der Wohnungseigentümer nach § 14 Absatz 1 Nummer 2 – Einwirkungen auf das Sondereigentum und das gemeinschaftliche Eigentum zu dulden, die den Vereinbarungen und Beschlüssen entsprechen oder, soweit solche fehlen, aus denen sich kein über das bei einem geordneten Zusammenleben unvermeidliche Maß hinausgehender Nachteil ergibt. Dies betrifft vor allem Erhaltungs- und Baumaßnahmen einzelner Wohnungseigentümer, ist aber nicht darauf beschränkt. Die Ausführungen zu § 14 Absatz 1 Nummer 2 gelten entsprechend.

Die Vorschrift begründet lediglich eine Duldungspflicht. Einen korrespondierenden Anspruch der Wohnungseigentümer untereinander, nicht gerechtfertigte Einwirkungen, insbesondere auf das gemeinschaftliche Eigentum, zu unterlassen, enthält die Vorschrift nicht. Die Wohnungseigentümer können nach

---

211 BT-Drs. 19/18791, 51.

§ 14 Absatz 2 Nummer 1 lediglich verlangen, dass nicht gerechtfertigte Beeinträchtigungen ihres Sondereigentums unterbleiben. Die Abwehr nicht gerechtfertigter Beeinträchtigungen des gemeinschaftlichen Eigentums ist dagegen Aufgabe der Gemeinschaft der Wohnungseigentümer (vergleiche auch die Begründung zu § 14 Absatz 2 Nummer 1)."

Anders als im Rahmen des § 14 Abs. 1 Nr. 2 WEG gehen also die Einwirkungen im Rahmen des § 14 Abs. 2 Nr. 2 WEG, die die Wohnungseigentümer zu dulden haben, von einem anderen Wohnungseigentümer und nicht der Gemeinschaft der Wohnungseigentümer im Rahmen der Verwaltung des gemeinschaftlichen Eigentums aus. 244

Einwirkungen, die nach entsprechender Beschlussfassungen durch die Wohnungseigentümer zu dulden sind, sind bspw. „bauliche Veränderungen" des **Sondereigentums** nach § 13 Abs. 2 WEG, die eine Beschlussfassung erfordern oder bauliche Veränderungen des gemeinschaftlichen Eigentums, die von einem Wohnungseigentümer nach § 20 Abs. 2 WEG vorgenommen werden. Allgemeine Erhaltungsmaßnahmen an dem Sondereigentum erfordern indes keine Beschlussfassung.[212] Diese haben die anderen Wohnungseigentümer zu dulden, sofern ihnen hieraus über das bei einem geordneten Zusammenleben unvermeidliche Maß hinaus kein Nachteil erwächst. 245

Hat der Wohnungseigentümer eine Einwirkung eines anderen Wohnungseigentümers nach § 14 Abs. 2 Nr. 2 WEG zu dulden, die über das zumutbare Maß hinausgeht, kann er gegen den anderen Wohnungseigentümer nach § 14 Abs. 3 WEG einen **angemessenen Ausgleich** in Geld verlangen. Dies kann insbesondere im Rahmen von „baulichen Veränderungen" des Sondereigentums nach § 13 Abs. 2 WEG, die einen Beschluss erfordern, oder baulichen Veränderungen des gemeinschaftlichen Eigentums durch einzelne Wohnungseigentümer iSd § 20 Abs. 2 WEG der Fall sein. 246

j) Beendigung des Verbandes Wohnungseigentümergemeinschaft

Zur Beendigung des Verbandes Wohnungseigentümergemeinschaft führt die Gesetzesbegründung des Entwurfes der Bundesregierung[213] wie folgt aus: 247

„Besondere Vorschriften zur Beendigung der Gemeinschaft der Wohnungseigentümer sieht der Entwurf nicht vor. § 9a Absatz 1 Satz 2 bringt aber mit hinreichender Deutlichkeit zum Ausdruck, dass die Gemeinschaft der Wohnungseigentümer als solche untrennbar an die Existenz des sachenrechtlichen Wohnungseigentums gebunden ist, dessen Verwaltung sie dient. Die Gemeinschaft der Wohnungseigentümer erlischt deshalb, wenn das Wohnungseigentum infolge der Schließung der Wohnungsgrundbücher untergeht (vergleiche

---
212 Vgl. § 13 WEG.
213 BT-Drs. 19/18791, 44.

§ 9). Für eine eventuell notwendige Liquidation des Gemeinschaftsvermögens gelten die allgemeinen Grundsätze. Der Entwurf verzichtet auf eine Regelung dieses praktisch seltenen Falls."

248 Die **Schließung** der **Wohnungsgrundbücher** richtet sich wie bisher nach § 9 WEG. § 9 Abs. 1 Nr. 1 WEG blieb unverändert. § 9 Abs. 1 Nr. 2 WEG aF wurde gestrichen; § 9 Abs. 1 Nr. 3 WEG aF wurde zu § 9 Abs. 1 Nr. 2 WEG.

249 Die **Vereinigung** aller Miteigentumsanteile in einer Hand führt nicht mehr automatisch zur Auflösung des Verbandes Wohnungseigentümergemeinschaft, da die **Ein-Personen-Gemeinschaft** (→ Rn. 118 ff.) zulässig ist.[214]

250 Kein Wohnungseigentümer kann nach § 11 Abs. 1 WEG – wie bisher – die Auflösung der Gemeinschaft verlangen. § 11 Abs. 1 WEG bleibt also unverändert bestehen. Ebenso bleibt § 11 Abs. 2 WEG unverändert bestehen. § 17 WEG aF wird zu § 11 Abs. 3 WEG.

5. Informationsrechte der Wohnungseigentümer

251 Eines der zentralen Anliegen des WEMoG ist die Stärkung der Rechte der Wohnungseigentümer im Hinblick auf **Informationen** über die Angelegenheiten der Gemeinschaft und insbesondere ihre wirtschaftliche Situation. Die Wohnungseigentümer sollen ein möglichst genaues Bild erhalten. Auch insofern haben sich Veränderungen ergeben.

a) Informationsanspruch, Vermögensbericht

252 § 28 Abs. 4 WEG sieht vor, dass der Verwalter nach Ablauf eines jeden Kalenderjahres einen Vermögensbericht erstellt, der den Stand der Rücklagen und eine Aufstellung des wesentlichen Gemeinschaftsvermögens enthält. Dieser Vermögensbericht ist jedem Wohnungseigentümer zur Verfügung zu stellen. Dazu führt die Gesetzesbegründung[215] insbesondere aus:

„Der Vermögensbericht muss zum einen den Stand der Erhaltungsrücklage (§ 19 Absatz 2 Nummer 4 WEG-E) und etwaiger durch Beschluss vorgesehener Rücklagen enthalten. Anzugeben ist jeweils der Ist-Stand des tatsächlich vorhandenen Vermögens, das für die Erhaltung beziehungsweise andere Zwecke reserviert ist; offene Forderungen oder zur Liquiditätssicherung umgewidmete Mittel sind insoweit nicht anzugeben. Der Stand der Rücklagen ist ungeachtet seiner Höhe anzugeben. Hierin liegt auch der Grund, warum das Gesetz die Rücklagen ausdrücklich erwähnt, obwohl sie begrifflich bereits vom Gemeinschaftsvermögen erfasst werden."

253 Der Vermögensbericht besteht also aus zwei Komponenten, nämlich der Darstellung der Rücklagen und der Aufstellung des Gemeinschaftsvermögens im

---

214 Vgl. zur bisher geltenden Rechtslage *Drasdo* NZM 2020, 13.
215 BT-Drs. 19/18791, 75.

Übrigen. Zu den **Rücklagen** in diesem Sinne zählen neben der Erhaltungsrücklage auch zusätzlich gebildete, über die gesetzlichen Anforderungen hinausgehende Ansammlungen von finanziellen Mitteln (freiwillige Rücklagen). Zur **Vermögensaufstellung** hat der Gesetzgeber recht detaillierte Vorgaben gemacht. Sie soll vor allem Angaben enthalten zu allen Forderungen der Gemeinschaft der Wohnungseigentümer gegen einzelne Wohnungseigentümer und Dritte (insbesondere Hausgeldschulden einschließlich offener Forderungen zu Rücklagen), zu allen Verbindlichkeiten (vor allem Bankdarlehen) sowie schließlich Angaben zu sonstigen Vermögensgegenständen (etwa Brennstoffvorräte); Stichtag ist dabei jeweils der Ablauf eines Kalenderjahres.[216] Weiterführend dazu die Begründung:[217]

> „Das Vermögen ist dabei lediglich aufzustellen, also zu benennen. Die einzelnen Vermögensgegenstände müssen nicht bewertet werden; Geldforderungen und -verbindlichkeiten sind betragsmäßig anzugeben. In den Vermögensbericht müssen nur die wesentlichen Vermögensgegenstände aufgenommen werden. Unwesentlich sind Vermögensgegenstände, die für die wirtschaftliche Lage der Gemeinschaft unerheblich sind. Eine betragsmäßige Grenze sieht der Entwurf hierfür nicht vor; sie hängt insbesondere von der Größe der Gemeinschaft ab."

Der Vermögensbericht ist jedem Eigentümer zur Verfügung zu stellen, ihm also letztlich zur Kenntnis zu bringen. Wie das zu geschehen hat, wollte der Gesetzgeber bewusst nicht näher regeln.[218] Berichte auf Papier sind unproblematisch, ebenso Berichte in den üblichen Datei-Formaten, die per E-Mail verschickt werden. Auch ein **selbsttätiger Abruf** aus dem Internet kommt in Betracht. Allerdings werden die Eigentümer in diesem Fall erwarten dürfen, dass ihnen die Verfügbarkeit mitgeteilt wird. Rein mündliche Darlegungen genügen als Vermögensbericht nicht. Denn insoweit erlangt der einzelne Eigentümer nichts zu seiner Verfügung.

254

Werden die Rechte aus § 28 Abs. 4 WEG nicht oder nur unzureichend erfüllt, hat jeder Wohnungseigentümer einen **Anspruch** gegen die Gemeinschaft der Wohnungseigentümer, dass ihm der Vermögensbericht – erstmals oder berichtigt – zur Verfügung gestellt wird.[219]

255

b) Einsichtsrecht

Gem. § 18 Abs. 4 WEG in der Fassung nach WEMoG kann jeder Eigentümer von der Gemeinschaft der Wohnungseigentümer Einsicht in die **Verwaltungsunterlagen** verlangen. Das Einsichtsrecht umfasst alle Dokumente, die für die Verwaltung des gemeinschaftlichen Eigentums relevant sind, insbesondere Verträge,

256

---

216 BT-Drs. 19/18791, 75 f.
217 BT-Drs. 19/18791, 76.
218 BT-Drs. 19/18791, 76.
219 BT-Drs. 19/18791, 76.

Kontoauszüge und Pläne. Auf eine Verkörperung kommt es dabei nicht an. Erfasst sind sowohl Papierdokumente als auch digitale Dokumente. Zwingende datenschutzrechtliche Vorgaben sind einzuhalten. Der Anspruch richtet sich gegen die Gemeinschaft, zur Erfüllung ist der Verwalter berufen.[220] Freilich muss vor Gewährung von Informationen, die **personenbezogene Daten** enthalten, sichergestellt werden, dass die Grenzen des Informationsanspruchs eingehalten werden.[221]

6. Sachenrecht

257 Die sachenrechtlichen Änderungen des WEMoG sind vom Umfang her zwar übersichtlich, in der Sache aber durchaus erheblich. Wichtigste Änderung ist die Schaffung der Möglichkeit der Begründung von Sondereigentum an **Freiflächen**[222] und die Anordnung nach § 3 Abs. 1 S. 2, Abs. 3 WEG derart, dass Stellplätze als **Räume** iSd § 3 Abs. 1 S. 1 WEG gelten.

a) Die Änderungen im Überblick

258 Die sprachliche Änderung des § 1 Abs. 5 WEG beinhaltet nur eine Anpassung an die Änderungen in § 3 WEG. Sofern der Satzteil „sowie die Teile, Anlagen und Einrichtungen des Gebäudes" gestrichen wurde, ist hiermit nur eine sprachliche Straffung, aber keine inhaltliche Änderung bezweckt.[223]

259 § 3 Abs. 1 S. 1 WEG wird lediglich derart sprachlich neu gefasst, dass es nunmehr eine **Legaldefinition** des **Sondereigentums** beinhaltet. Eine inhaltliche Änderung ist hiermit nicht verbunden.[224] Nach § 3 Abs. 1 S. 2 WEG gelten künftig Stellplätze als Räume iSd § 3 Abs. 1 S. 1 WEG. § 3 Abs. 2 WEG führt die Möglichkeit der Begründung von Sondereigentum an Freiflächen ein. § 3 Abs. 3 WEG regelt die Abgeschlossenheit in Bezug auf Freiflächen und Stellplätzen neu.

260 Die sprachliche Änderung des § 5 Abs. 1 S. 1 WEG beruht auf dem Wegfall des § 14 WEG aF. Ferner wird nunmehr in § 5 Abs. 1 S. 1 WEG auf § 3 Abs. 1 S. 1 WEG verwiesen. Die Erweiterung in § 5 Abs. 1 S. 2 WEG stellt eine Folgeänderung zu § 3 Abs. 1 S. 2 und Abs. 2 WEG dar. Bei der Änderung in § 5 Abs. 2 WEG handelt es sich ebenfalls um eine Folgeänderung zu § 3 Abs. 2 WEG.

b) Begründung von Sondereigentum an Freiflächen

261 Nach bisheriger Rechtslage konnte an Freiflächen auf einem Grundstück kein Sondereigentum begründet werden. Freiflächen außerhalb von Gebäuden standen nach § 1 Abs. 5 WEG aF zwingend im gemeinschaftlichen Eigentum. Dies galt oftmals auch für Terrassen. Die Wohnungs- oder Teileigentümern konnten

---

220 BT-Drs. 19/18791, 58.
221 *Hügel/Elzer* WEG § 18 Rn. 144.
222 § 3 Abs. 2, 3 WEG.
223 BT-Drs. 19/18791, 36.
224 BT-Drs. 19/18791, 36.

an Freiflächen auf dem Grundstück lediglich **Sondernutzungsrechte** eingeräumt werden, die aber kein gleichwertiges Äquivalent zum Sondereigentum darstellen, was freilich den meisten Eigentümern überhaupt nicht bewusst ist.

Die Änderung des Gesetzes folgt einem unterstellten praktischen Bedürfnis, Sondereigentum auch an Freiflächen begründen zu können. Dies hatte bereits die Bund-Länder-Arbeitsgruppe zur Reform des Wohnungseigentumsgesetzes ausgiebig diskutiert und letztlich empfohlen, die **Sondereigentumsfähigkeit** auch auf Freiflächen zu erweitern.[225] Flankierend wurde durch § 13 Abs. 2 WEG eine Regelung zur „baulichen Veränderung" des Sondereigentums eingeführt. 262

Die Regelung ist durchaus positiv zu betrachten und wertet das Wohnungseigentum nicht unerheblich auf. In Zukunft können bspw. **Gärten** von Einfamilienhaus-WEG-Anlagen als echtes Eigentum erworben werden, ebenso Terrassen. Ob sich diese Gestaltung in der Praxis durchsetzen wird, bleibt allerdings abzuwarten.[226] Bedeutung wird sie nur erlangen, wenn man sich traut, von ihr Gebrauch zu machen. 263

Um die Begründung von Sondereigentum an Freiflächen zu ermöglichen, musste zunächst § 1 Abs. 5 WEG angepasst werden. § 1 Abs. 5 WEG lautet hiernach wie folgt: 264

> Gemeinschaftliches Eigentum im Sinne dieses Gesetzes sind das Grundstück und das Gebäude, soweit sie nicht im Sondereigentum oder im Eigentum eines Dritten stehen.

Die Möglichkeit der Begründung von Sondereigentum wird unter § 3 Abs. 2 WEG geregelt, der wie folgt ausführt: 265

> Das Sondereigentum kann auf einen außerhalb des Gebäudes liegenden Teil des Grundstücks erstreckt werden, es sei denn, die Wohnung oder die nicht zu Wohnzwecken dienenden Räume bleiben dadurch wirtschaftlich nicht die Hauptsache.

Die Gesetzesbegründung[227] führt hierzu wie folgt aus: 266

> „Nach geltendem Recht ist es nicht möglich, das Sondereigentum auf außerhalb des Gebäudes liegende Teile des Grundstücks zu erstrecken, etwa auf Terrassen und Gartenflächen. In der Praxis werden an solchen Flächen daher häufig sogenannte Sondernutzungsrechte begründet, die allerdings gesetzlich nicht geregelt und deshalb streitanfällig sind.
>
> Der neue § 3 Absatz 2 sieht vor, dass Sondereigentum auch an Freiflächen begründet werden kann. Auf diese Weise können Freiflächen einzelnen Wohnungseigentümern wirtschaftlich zugeordnet werden, ohne dass damit die mit der Zuweisung von Sondernutzungsrechten verbundene Rechtsunsicherheit

---

225 ZWE 2019, 429 (437 ff.).
226 Vgl. auch *Wilsch* FGPrax 2020, 1 (4); *Becker/Schneider* ZfIR 2020, 281 (285 f.).
227 BT-Drs. 19/18791, 37.

in Kauf genommen werden muss. Die Vorschrift beschränkt die Möglichkeit, Sondereigentum an einer Wohnung oder an nicht zu Wohnzwecken dienenden Räumen auf Freiflächen zu erstrecken, jedoch in Anlehnung an die Vorschriften für das Erbbaurecht (vergleiche § 1 Absatz 2 des Erbbaurechtsgesetzes) und das Dauerwohnrecht (vergleiche § 31 Absatz 1 Satz 2 WEG) in zweifacher Hinsicht:

Zunächst können außerhalb des Gebäudes liegende Teile des Grundstücks grundsätzlich nicht alleiniger Gegenstand des Sondereigentums sein. Es ist daher nicht möglich, einen Miteigentumsanteil ausschließlich mit dem Sondereigentum an einem außerhalb des Gebäudes liegenden Teil des Grundstücks zu verbinden. Eine Ausnahme ist lediglich für Stellplätze vorgesehen (vergleiche § 3 Absatz 1 Satz 2 WEG-E).

Darüber hinaus müssen die Räume wirtschaftlich die Hauptsache des Sondereigentums bleiben. Der Begriff der wirtschaftlichen Hauptsache ist wie in § 1 Absatz 2 des Erbbaurechtsgesetzes und § 31 Absatz 1 Satz 2 WEG zu verstehen. Insbesondere Terrassen und Gartenflächen sind in aller Regel nicht als wirtschaftliche Hauptsache anzusehen. Wie sich aus der negativen Formulierung ergibt, wird vermutet, dass die Räume wirtschaftlich die Hauptsache bleiben. Es bedarf deshalb im Grundbuchverfahren einer Prüfung nur dann, wenn konkrete Anhaltspunkte für das Gegenteil bestehen."

267 Sondereigentum an Freiflächen kann hiernach nur als **akzessorisches Eigentum** bestehen, das in Abhängigkeit zum Wohnungs- bzw. Teileigentum steht. Eine isolierte Veräußerung ist nicht möglich. Ebensowenig ist es möglich, an einer Freifläche allein Eigentum zu begründen.

268 Die Begründung des Sondereigentums erfordert, dass die Wohnung oder die nicht zu Wohnzwecken dienenden Räume wirtschaftlich die **Hauptsache** bleiben, wobei hierfür eine gesetzliche Vermutung („*es sei denn*") streitet. Der Gesetzgeber hatte hiernach vornehmlich das Sondereigentum an Terrassen und Gärten im Blick. Nicht möglich ist es danach, bspw. bei Einfamilienhaus-WEG-Anlagen, das Grundstück, auf dem das Einfamilienhaus steht, als Sondereigentum eintragen zu lassen.

269 Die Einschränkung der Sondereigentumsfähigkeit von Freiflächen erfolgt am Vorbild des § 31 Abs. 1 S. 2 WEG und des § 1 Abs. 2 ErbbauRG. In Einzelfällen sind Abgrenzungsschwierigkeiten denkbar.[228]

270 Die **Abgrenzbarkeit** des Sondereigentums an Freiflächen wird durch § 3 Abs. 3 2. Alt WEG geregelt, der wie folgt ausführt:

---

[228] Vgl. *Wilsch* FGPrax 2020, 1 (5 f.).

Sondereigentum soll nur eingeräumt werden, wenn [...] Stellplätze sowie außerhalb des Gebäudes liegende Teile des Grundstücks durch Maßangaben im Aufteilungsplan bestimmt sind.

Die Gesetzesbegründung[229] führt hierzu wie folgt aus: 271

> „Nach § 3 Absatz 3 WEG-E sind Stellplätze, an denen Sondereigentum begründet werden soll, und außerhalb des Gebäudes liegende Teile des Grundstücks, auf die sich Sondereigentum erstrecken soll, durch Maßangaben im Aufteilungsplan zu bestimmen. Diese Maßangaben treten an die Stelle des Abgeschlossenheitserfordernisses, das für Räume gilt. Die Maßangaben müssen – ungeachtet des ohnehin bestehenden sachenrechtlichen Bestimmtheitserfordernisses – so genau sein, dass sie es im Streitfall ermöglichen, den räumlichen Bereich des Sondereigentums eindeutig zu bestimmen. Dafür muss sich aus dem Plan in der Regel die Länge und Breite der Fläche sowie ihr Abstand zu den Grundstücksgrenzen ergeben.
>
> Eine Markierungspflicht auf dem Grundstück ist dagegen – anders als nach dem geltenden § 3 Absatz 2 Satz 2 – nicht mehr vorgesehen, auch nicht für Stellplätze. Denn eine Markierung auf dem Grundstück führt nicht dazu, dass der räumliche Umfang des Sondereigentums genauer bestimmt wird, als dies bereits durch die Maßangaben im Aufteilungsplan der Fall ist. Selbstverständlich bleibt es den Wohnungseigentümern unbenommen, die Sondereigentumsbereiche dennoch auf dem Grundstück zu markieren; auf den Umfang des Sondereigentums wirkt sich dies aber nicht aus."

§ 5 Abs. 1 S. 2 WEG ordnet die Anwendung des § 94 Abs. 1 BGB auf **Freiflächen** 272
und Stellplätzen an, soweit sich diese im Sondereigentum befinden. Die Vorschrift führt wie folgt aus:

> Soweit sich das Sondereigentum auf außerhalb des Gebäudes liegende Teile des Grundstücks erstreckt, gilt § 94 des Bürgerlichen Gesetzbuchs entsprechend.

Die Gesetzesbegründung[230] erläutert hierzu wie folgt: 273

> „Für die außerhalb des Gebäudes liegenden Teile des Grundstücks gilt dagegen nach § 5 Absatz 1 Satz 2 WEG-E die allgemeine Vorschrift des § 94 BGB entsprechend; auf § 95 BGB wird nicht ausdrücklich Bezug genommen, weil dessen Anwendbarkeit durch § 5 ohnehin nicht berührt wird (Wicke, in: Palandt, BGB, 79. Auflage 2020, § 5 WEG Randnummer 1). § 5 Absatz 1 Satz 2 WEG-E gilt sowohl für außerhalb des Gebäudes befindliche Teile des Grundstücks, auf die sich das Sondereigentum nach § 3 Absatz 2 WEG-E erstreckt, als auch für außerhalb des Gebäudes liegende Stellplätze, für die

---

229 BT-Drs. 19/18791, 37.
230 BT-Drs. 19/18791, 38.

nach § 3 Absatz 1 Satz 2 WEG-E die Raumeigenschaft fingiert wird. Damit sind auch die Sachen Gegenstand des Sondereigentums, die mit dem Teil des Grundstücks fest verbunden sind, auf den sich das Sondereigentum erstreckt. Das gilt insbesondere für Gebäude, die auf diesen Flächen errichtet werden; § 5 Absatz 2 gilt für diese Gebäude nicht.

§ 5 Absatz 1 Satz 2 WEG-E betrifft jedoch nur die sachenrechtliche Zuordnung. Die davon losgelöste Frage, ob ein Wohnungseigentümer berechtigt ist, bauliche Veränderungen auf einem außerhalb des Gebäudes liegenden Teil des Grundstücks vorzunehmen, auf die sich sein Sondereigentum erstreckt, beantwortet sich nach § 13 Absatz 2 WEG-E."

274 Die Regelung soll dazu führen, dass bspw. Gartenhäuser, die durch ihre Festigkeit (Fundament, Dach) selbst den Status eines **Gebäudes** erreichen, und auf einer Sondereigentumsfläche errichtet werden, nach § 94 Abs. 1 BGB vom Sondereigentum umfasst werden. Die Anwendung des § 94 Abs. 1 BGB auf das auf der Sondereigentumsfläche errichtete Gebäude soll insbes. die Vorschrift des § 5 Abs. 2 WEG verdrängen. § 5 Abs. 2 WEG führt wie folgt aus:

Teile des Gebäudes, die für dessen Bestand oder Sicherheit erforderlich sind, sowie Anlagen und Einrichtungen, die dem gemeinschaftlichen Gebrauch der Wohnungseigentümer dienen, sind nicht Gegenstand des Sondereigentums, selbst wenn sie im Bereich der im Sondereigentum stehenden Räume oder Teile des Grundstücks befinden.

275 Das Verhältnis von § 5 Abs. 2 WEG und § 94 BGB im Zusammenhang mit dem Sondereigentum ergibt sich nur indirekt aus der Gesetzesbegründung zu § 5 Abs. 1 S. 2 (siehe oben) und zu § 5 Abs. 2 WEG,[231] die wie folgt ausführt:

„Es handelt sich um eine Folgeänderung zu § 3 Absatz 1 Satz 2, Absatz 2 WEG-E. Denn der geltende § 5 Absatz 2 sieht unter anderem vor, dass Anlagen und Einrichtungen, die dem gemeinschaftlichen Gebrauch der Wohnungseigentümer dienen, nicht Gegenstand des Sondereigentums sind, selbst wenn sie sich im Bereich der im Sondereigentum stehenden Räume befinden. Diese Vorschrift wird auf die Teile des Grundstücks erstreckt, die nach § 3 Absatz 1 Satz 2 oder Absatz 2 WEG-E zum Sondereigentum gehören. Deshalb sind etwa Versorgungsleitungen im Boden, die dem gemeinschaftlichen Gebrauch der Wohnungseigentümer dienen, stets gemeinschaftliches Eigentum, auch wenn sie in Bereichen verlegt sind, die im Sondereigentum stehen. Insoweit besteht kein Unterschied zu entsprechenden Leitungen, die in Wänden verlegt sind, die sich im Bereich des Sondereigentums befinden. Für Erhaltungsmaßnahmen gilt § 14 Absatz 1 Nummer 2 WEG-E. Demnach besteht die Pflicht jedes Wohnungseigentümers, Einwirkungen auf das Sondereigentum, insbesondere das Betreten, zu dulden."

---

231 BT-Drs. 19/18791, 38.

Offenbar geht der Gesetzesentwurf davon aus, dass „Teile des Gebäudes" iSd § 5 Abs. 2 WEG nicht solche Gebäude umfassen, die nach § 3 Abs. 2 WEG iVm § 94 Abs. 1 BGB vollständig dem Sondereigentum zuzurechnen sind, sondern lediglich die (aufgeteilten) **Bestandsgebäude**. § 5 Abs. 2 WEG wäre hiernach nur eingeschränkt auf die Grundstückfreiflächen und auf die darauf errichteten Gebäude anwendbar, nämlich nur insoweit als „Anlagen und Einrichtungen, die dem gemeinschaftlichen Gebrauch der Wohnungseigentümer dienen, [...] nicht Gegenstand des Sondereigentums [sind], selbst wenn sie sich im Bereich der im Sondereigentum stehenden [...] Teile des Grundstücks befinden."

276

Dies bedeutet, dass alle Teile des Gebäudes, die für dessen Bestand oder Sicherheit erforderlich sind, also alle **konstruktiven Teile** des Gebäudes wie Dach, Fundament pp., das auf der Sondereigentums-Freifläche errichtet wurde, bspw. ein Gartenhaus oder eine Garage, vom Sondereigentum umfasst werden.[232]

277

Anlagen und Einrichtungen, die dem gemeinschaftlichen Gebrauch der Wohnungseigentümer dienen, wie **Versorgungsleitungen**, bleiben indes zwingend im gemeinschaftlichen Eigentum, auch wenn sie sich auf der Sondereigentumsfreifläche bzw. in einem dort errichteten Gebäude befinden. Dies kann zu sachenrechtlichen Verwerfungen führen.[233]

278

Nicht möglich ist es, dass so vom Sondereigentum umfasste Grundstück und Gebäude wiederum in Wohnungseigentum aufzuteilen.

279

Bei Anbauten an das Bestandsgebäude kann die Neuregelung zu Problemen führen. Befindet sich der Anbau auf dem im Sondereigentum stehenden Grundstück eines Wohnungseigentümers, könnte man daran denken, dass der komplette **Anbau** wesentlicher Bestandteil der im Sondereigentum stehenden Freifläche des Grundstücks wird und damit vollumfasst in das Sondereigentum des berechtigten Wohnungseigentümers fällt. Als Beispiel kann die Errichtung eines an das Bestandsgebäude angelehnten und mit diesem fest verbundenen **Wintergarten** genannt werden. Nach bisheriger Rechtslage ist der abgeschlossene Raum des Wintergartens zwar grundsätzlich auch sondereigentumsfähig. Dies setzt indes die Begründung des Sondereigentums durch Änderung der Teilungserklärung voraus.

280

Dann zerfiele aber das einheitliche Gebäude in **mehrere Eigentumsarten**, und zwar in vollständiges Sondereigentum nach § 3 Abs. 2 WEG iVm § 94 Abs. 1 WEG mit einer nur eingeschränkten Anwendung des § 5 Abs. 2 WEG, und in übriges Eigentum, wobei dieses wie bisher in gemeinschaftliches Eigentum und Sondereigentum unter vollständiger Anwendung des § 5 Abs. 2 WEG aufzuteilen wäre. Nach hier vertretener Ansicht geht in einem solchen Fall die Vorschrift des

281

---

232 Vgl. hierzu auch *Becker/Schneider* ZfIR 2020, 281 (285).
233 Vgl. *Wilsch* FGPrax 2020, 1 (5).

§ 94 Abs. 2 BGB, die auch auf Anbauten Anwendung findet,[234] der Anwendung des § 94 Abs. 1 BGB vor, so dass der Anbau das rechtliche Schicksal des Bestandsgebäudes teilt und daher – wie bisher – zunächst vollständig gemeinschaftliches Eigentum wird.

282 Auch wenn der Gesetzesentwurf mit dem Sondereigentum an Freiflächen eine Alternative zu den Sondernutzungsrechten schaffen möchte, die im Gesetz nur rudimentär geregelt sind, hält er doch an diesen fest.[235]

c) Stellplätze

283 Nach § 3 Abs. 1 S. 2 WEG gelten Stellplätze nunmehr als Räume. Hierdurch entzieht der Gesetzgeber dem alten Streit darüber, ob § 3 Abs. 2 S. 2 WEG aF nur die **Abgeschlossenheit** oder zusätzlich auch die **Raumeigenschaft** fingiert, den juristischen Boden.

284 Die Gesetzesbegründung[236] führt zu § 3 Abs. 1 S. 2 WEG wie folgt aus:

„§ 3 Absatz 1 Satz 2 gilt für alle Arten von Stellplätzen, unabhängig davon, ob es sich um Stellplätze in einem Gebäude oder im Freien handelt. Daher sind auch Stellplätze auf oder unter einem Gebäude sowie einzelne Stellplätze in einer Mehrfachparkanlage (sogenannte Duplex- oder Quadruplexparker) erfasst.

Aufgrund ihrer besonderen wirtschaftlichen Bedeutung können Stellplätze – anders als andere Freiflächen (vergleiche die Begründung zum neuen § 3 Absatz 2) – alleiniger Gegenstand des Sondereigentums sein."

285 Solche Stellplätze sind daher – anders als Freiflächen – nicht bloß akzessorisches Sondereigentum. Sie sind als **vollwertiges Sondereigentum** vollständig verkehrsfähig. Stellplätze sind auch nicht von einem Wohnungs- oder Teileigentum abhängig.

286 Eine Markierung oder bauliche Abgrenzung ist nach § 3 Abs. 3 WEG nicht erforderlich. Es kann sich also um eine einfache Grundstücksfläche, welcher Größe auch immer, handeln, die als Stellplatz ausgewiesen wird. Der Fläche braucht folglich nicht angesehen werden zu können, dass sie Stellplatz ist. Weitere Eingrenzungen, auch **Nutzungseingrenzungen,** fehlen völlig.[237] Fraglich ist, was passieren soll, wenn Sondereigentum an einer großen Parkplatzfläche, die nach § 3 Abs. 2 WEG keinerlei tatsächlicher Abgrenzung erfährt, begründet wird, die Fläche aber gar nicht als Stellplatz genutzt wird. Ebenso wie im Rahmen der Freiflächen gilt für Stellplätze § 5 Abs. 1 S. 2 WEG mit den zuvor genannten Folgen.[238]

---

234 Vgl. BeckOK BGB/*Fritzsche* BGB § 94 Rn. 18.
235 Vgl. BT-Drs. 19/18791, 29; vgl. hierzu auch *Becker/Schneider* ZfIR 2020, 281 (285 f.).
236 BT-Drs. 19/18791, 38.
237 Zu Recht kritisch *Becker/Schneider* ZfIR 2020, 281 (284).
238 → Rn. 274 f.

Errichtet der Sondereigentümer des Stellplatzes bspw. ein **Carport**, fällt dieses nach § 94 Abs. 1 BGB vollumfänglich in sein Sondereigentum. Möglich erscheint es danach auch, auf der Stellplatzfläche, die einem Sondereigentum zugeordnet ist, eine komplette Garage zu errichten, die dann ebenfalls vollumfänglich samt aller konstruktiven Teile in das Sondereigentum fällt. Damit würde allerdings das gesamte bisherige gesetzliche Konzept ad absurdum geführt.

7. Übergangsregelungen/Abgrenzung hinsichtlich der Geltung

Die erheblichen Änderungen des Wohnungseigentumsgesetzes werden sicherlich zu einigen Übergangsschwierigkeiten führen. Es ist ua mit einem massiven Anpassungsbedarf von bestehenden **Gemeinschaftsordnungen** zu rechnen.

Den reibungslosen Übergang zum neuen Wohnungseigentumsrecht sollen vornehmlich die §§ 47, 48 WEG sicherstellen. § 49 WEG tritt lediglich an die Stelle des bisher geltenden § 63 WEG.

a) Auslegung von Altverträgen nach § 47 WEG

§ 47 WEG regelt die Auslegung von **Vereinbarungen** iSd § 10 Abs. 2 S. 1 WEG, also die Auslegung von Gemeinschaftsordnungen, die vor Inkrafttreten des Gesetzes getroffen wurden. Die Vorschrift kann als Übergangsvorschrift für alte Gemeinschaftsordnungen betrachtet werden.

Der Gesetzgeber geht – erfahrungsgemäß nicht zu Unrecht – davon aus, dass viele WEG-Gemeinschaften den dringend erforderlichen **Anpassungsbedarf** der bestehenden Gemeinschaftsordnungen nicht oder jedenfalls nicht sofort erkennen und vollziehen werden. § 47 WEG soll daher das Verhältnis von Gemeinschaftsordnungen, die noch auf der vorherigen Gesetzeslage beruhen, zu dem geänderten Gesetz klären.

Die Vorschrift regelt wie folgt:

§ 47 WEG Auslegung von Altvereinbarungen

Vereinbarungen, die vor dem 1.12.2020 getroffen wurden und die von solchen Vorschriften dieses Gesetzes abweichen, die durch das Wohnungseigentumsmodernisierungsgesetz vom 16.10.2020 (BGBl. I S. 2187) geändert wurden, stehen der Anwendung dieser Vorschriften in der vom 1.12.2020 an geltenden Fassung nicht entgegen, soweit sich aus der Vereinbarung nicht ein anderer Wille ergibt. Ein solcher Wille ist in der Regel nicht anzunehmen.

Die Gesetzesbegründung[239] führt hierzu wie folgt aus:

„§ 47 soll sicherstellen, dass die geänderten Vorschriften des WEG in der Regel auch in den Gemeinschaften gelten, in denen Wohnungseigentum vor Inkrafttreten der Änderungen begründet worden ist. Die Vorschrift bewirkt,

---

[239] BT-Drs. 19/18791, 36.

dass Vereinbarungen, die vor Inkrafttreten der Änderungen getroffen wurden, der Anwendung der geänderten Vorschriften nur dann entgegenstehen, wenn sich ein entsprechender Wille aus der Vereinbarung mit hinreichender Deutlichkeit ergibt.

Eine solche Vorschrift ist notwendig, da viele Gemeinschaftsordnungen den Wortlaut des bei ihrer Errichtung geltenden Gesetzes wiederholen. In der Regel wird damit nicht bezweckt, dass diese Vorschriften auch gegenüber späteren Gesetzesänderungen Vorrang genießen. Vielmehr soll die Wiederholung gesetzlicher Vorschriften in der Gemeinschaftsordnung in der Regel nur den Wohnungseigentümern und dem Verwalter die Lektüre des Gesetzes ersparen. Problematisch ist jedoch, dass es bei späteren Gesetzesänderungen zu einem zumindest formalen Widerspruch von Gemeinschaftsordnung und geändertem Gesetz kommen kann. Nach allgemeinen Grundsätzen müsste im Wege der Auslegung geklärt werden, ob eine abweichende Vereinbarung im Sinne des § 10 Absatz 1 Satz 2 WEG-E vorliegt. Den mit einer solchen Auslegung verbundenen Unsicherheiten begegnet § 47.

Eine abweichende Vereinbarung, die der Anwendung der geänderten Vorschriften entgegensteht, ist nach Satz 1 nur anzunehmen, wenn sich aus der Vereinbarung der Wille ergibt, dass die Vereinbarung auch gegenüber künftigen Gesetzesänderungen Vorrang genießen soll. Aufgrund der negativen Formulierung hat derjenige, der einen solchen Willen behauptet, diesen Willen zu beweisen. Der Wille muss sich dabei aus der Vereinbarung selbst ergeben. Nach Satz 2 ist das im Regelfall nicht anzunehmen. Im Einzelfall ist es aber nicht ausgeschlossen, dass sich ein solcher Wille aus einer Vereinbarung und ihrem Kontext mit hinreichender Deutlichkeit ergibt."

293 Funktional tritt § 47 an die Stelle der geltenden § 12 Absatz 4 Satz 2, § 16 Absatz 5 und § 22 Absatz 2 Satz 2. Diese Vorschriften ordnen die Unabdingbarkeit einzelner Vorschriften an, die nachträglich in das WEG eingefügt wurden. Auch dadurch wird sichergestellt, dass die neuen gesetzlichen Vorschriften Vorrang vor bereits bestehenden Vereinbarungen genießen. Allerdings wird durch die Anordnung der Unabdingbarkeit die im WEG grundsätzlich bestehende Gestaltungsfreiheit empfindlich eingeschränkt und zwar sowohl für die Vergangenheit als auch für die Zukunft. Dagegen lässt die in § 47 vorgesehene Vermutungsregel privatautonomen Entscheidungen hinreichenden Raum und ist deshalb vorzugswürdig. § 12 Absatz 4 Satz 2, § 16 Absatz 5 und § 22 Absatz 2 Satz 2 WEG haben im Entwurf daher keine Entsprechung mehr."

294 Die Gemeinschaftsordnung als Zusammenfassung der Vereinbarungen ist in der Regel Teil der Urkunde „Teilungserklärung" und als Inhalt des Sondereigentums im Grundbuch eingetragen. Durch die **Verdinglichung** der Gemeinschaftsordnung wirken die Vereinbarungen gem. § 10 Abs. 3 WEG auch gegenüber Rechts-

nachfolgern. Für grundbuchliche Eintragungen gelten aufgrund des das Grundbuchrecht beherrschenden **Bestimmtheitsgrundsatzes** besondere Auslegungsgrundsätze, die hiernach auch für verdinglichte Gemeinschaftsordnungen gelten.

Hiernach ist auch bei der **Auslegung** einer Gemeinschaftsordnung maßgebend auf den Wortlaut und den Sinn abzustellen ist, wie er sich für einen unbefangenen Betrachter als nächstliegend ergibt. Umstände außerhalb der Eintragung dürfen nur herangezogen werden, wenn sie nach den besonderen Verhältnissen des Einzelfalls für jedermann ohne Weiteres **erkennbar** sind.[240] Solche Umstände sind sicherlich auch eine Änderung des Gesetzes, da diese eben für jedermann ohne Weiteres erkennbar ist. 295

Die Gesetzesbegründung spricht zunächst den Fall der **gesetzeswiederholenden Vereinbarungen** an, also solche Vereinbarungen, die lediglich den (alten) Gesetzestext wiederholen. In der Literatur ist bereits streitig, ob es sich bei solchen gesetzeswiederholenden Vereinbarungen überhaupt um Vereinbarungen iSd § 10 Abs. 2 S. 2, Abs. 3 WEG[241] handelt, die verdinglicht werden können.[242] Jedenfalls ist zu prüfen, ob eine dynamische Verweisung auf das aktuell geltende Recht oder eine statische, selbstständige Vereinbarung vorliegt.[243] 296

Vereinbarungen der Wohnungseigentümer haben Vorrang vor den abdingbaren Regeln des Gesetzes unter Heranziehung der vorgenannten Auslegungsgrundsätze, allerdings nur insoweit, als eine Ergänzung zu diesen Regeln oder eine Abweichung von ihnen erkennbar gewollt ist.[244] Dies gilt auch, sofern sich die Vereinbarung nach einer Gesetzesänderung in **Widerspruch** zu einem neuen Gesetzestext nach einer Gesetzesänderung setzt. Daher hat die Anordnung des § 47 WEG insoweit lediglich klarstellende Funktion. 297

Gleiches gilt für **gesetzeserläuternde Vereinbarungen**, die sich nicht nur auf die Wiederholung des Gesetzestextes beschränken, aber im Rahmen des in Bezug genommenen Gesetzes bewegen, also keine Abweichungen hiervon regeln. 298

Aus der Gesetzesbegründung ist zu entnehmen, dass § 47 WEG indes. nicht nur auf gesetzeswiederholende und gesetzeserläuternde Vereinbarungen Anwendung finden soll, sondern darüber hinaus auch auf **gesetzesabweichende Vereinbarungen**. Auch diese sollen grundsätzlich nicht mehr gelten, soweit sie von solchen Vorschriften dieses Gesetzes abweichen, die durch das WEMoG geändert wurden. 299

---

240 BGH 28.10.2016 – V ZR 91/16, NJW 2017, 1167 mwN.
241 § 10 Abs. 1 S. 2, Abs. 2 WEG.
242 Dagegen bspw. Bärmann/*Suilmann* WEG § 10 Rn. 81, 82; *Hügel/Elzer* WEG § 10 Rn. 109; dafür BeckOGK/*Falkner* WEG § 10 Rn. 99.
243 BeckOGK/*Falkner* WEG § 10 Rn. 99; BeckOK WEG/*Müller* WEG § 10 Rn. 121.
244 BayObLG 21.4.1972 – BReg 2 Z 125/71; jurisPK-BGB/*Lafontaine* WEG § 10 Rn. 70.

300 Führt die inhaltliche Änderung des Gesetzes zu einem Gleichklang mit der zuvor gesetzesabweichenden Vereinbarung, ergeben sich keine Probleme. Die Vereinbarung wird durch die Gesetzesänderung zu einer gesetzeswiederholenden bzw. gesetzeserläuternden Vereinbarung, auf die § 47 WEG keine Anwendung findet; dies ist auch nicht notwendig.

301 § 47 WEG verlangt eine Abweichung von den durch das WEMoG geänderten Vorschriften. Mit „Änderung" dürfte eine über die sprachliche Anpassung hinausgehende **inhaltliche Änderung** der jeweiligen Norm gemeint sein. Eine solche Änderung liegt nicht vor, wenn sich lediglich der Ort der Regelung im Gesetz geändert hat oder nur eine sprachliche Anpassung erfolgte.

302 Wird eine solche Abweichung festgestellt, ordnet § 47 WEG an, dass dies der Anwendung der gegenläufigen neuen gesetzlichen Regelung grundsätzlich nicht entgegensteht. Der grundsätzliche Anwendungsvorrang der neu geschaffenen gesetzlichen Regelung wird zunächst durch eine **Beweisregel** bewerkstelligt („soweit sich aus der Vereinbarung nicht ein anderer Wille ergibt."). Dies bedeutet, dass derjenige, der sich auf die abweichende Regelung beruft, beweisen muss, dass sich aus der Vereinbarung der Wille ergibt, dass die Vereinbarung auch gegenüber künftigen Gesetzesänderungen Vorrang genießen soll. Diese Beweisregel wird durch § 47 Abs. 1 S. 2 WEG verschärft, indem die Regelung anordnet, dass ein solcher Wille in der Regel nicht anzunehmen ist; dies ähnelt einer gesetzlichen (widerleglichen) **Vermutung**.

303 Auf die Regelung eines festen Anwendungsvorrangs der neuen gesetzlichen Regelungen gegenüber Altvereinbarungen der Wohnungseigentümer verzichtet das Gesetz. Der Verweis in der Gesetzesbegründung auf die § 12 Abs. 4 S. 2 WEG aF, § 16 Abs. 5 WEG aF und § 22 Abs. 2 S. 2 aF WEG zeigt, dass der Gesetzesentwurf die Regelung des § 47 WEG als schonender im Hinblick auf die **Privatautonomie** der Wohnungseigentümer zu einem echten Anwendungsvorrang des Gesetzes erachtet. Ein partieller Gesetzesvorrang nur gegenüber Altvereinbarungen wurde wohl nicht in Betracht gezogen. Ggf. sollte auch eine Unrichtigkeit des Grundbuchs verhindert werden,[245] denn sofern das Ergebnis allein durch die rechtsgeschäftliche Auslegungsmethoden zusammen mit Beweisregeln bewerkstelligt wird, hat dies keinen Einfluss auf das Grundbuch.

304 Allerdings ergeben reine Beweisregelungen in diesem Zusammenhang wenig Sinn, da einem mit der Sache befassten Gericht sämtliche relevanten Unterlagen, insbesondere die verdinglichte Gemeinschaftsordnung, vorliegen werden. Wen die Beweislast trifft, ist insoweit zweitrangig. Letztlich hat die Regelung des § 47 WEG hiernach vornehmlich **klarstellende Funktion**.

---

[245] Vgl. hierzu *Becker/Schneider* ZfIR 2020, 281 (308).

Ein mit der Prüfung befasstes Gericht wird also unter Berücksichtigung der zuvor genannten Auslegungsregeln zu prüfen haben, ob sich aus der Gemeinschaftsordnung der **Wille** ergibt, dass die gesetzesabweichende Vereinbarung auch gegenüber künftigen Gesetzesänderungen, also dem WEMoG, **Vorrang** genießen soll. Dies muss sich regelmäßig aus der Urkunde selbst ergeben. Hierfür kann sprechen, dass die Wohnungseigentümer mit der gesetzesabweichenden Regelung gerade zum Ausdruck bringen, dass sie ihr eigenes, von dem Gesetz unabhängiges **Regelungsregime** schaffen wollen. Eine Änderung des Gesetzes hat hierauf dann keinen Einfluss, denn das eigens geschaffene Regelungsregime war bereits zuvor von dem Gesetz unabhängig. In der Rechtspraxis sind die Regelungen in der Gemeinschaftsordnung indes oftmals so eng an die derzeit geltende Rechtslage angelehnt und mit ihr so eng verwoben, dass der Befund des eigenen vom Gesetz unabhängigen Regelungsregime häufig nicht gestellt werden kann.

305

Nur sofern ein in der Sache befasstes Gericht hiernach feststellt, dass die Wohnungseigentümer ein von der derzeit geltenden Gesetzeslage unabhängiges Regelungsregime schaffen wollten, genießen die Regelungen in Altvereinbarungen weiterhin Anwendungsvorrang. Dies ist aber nicht der Fall, wenn **gesetzesabweichende Vereinbarungen** sich lediglich als Reflex zu der bisher bestehenden Rechtslage darstellen oder diese so eng mit der derzeitigen Rechtslage verzahnt sind, dass kein eigenes Regelungsregime feststellbar ist oder sich im Einzelfall sonst ein entgegenstehender Wille aus der Gemeinschaftsordnung ergibt.[246]

306

Stellt das Gericht eine gesetzesabweichende Vereinbarung und einen Anwendungsvorrang der neuen gesetzlichen Regelungen fest, geht der Anwendungsvorrang des Gesetzes nur soweit die Änderung des Gesetzes reicht. Bei der Frage, inwieweit dies Einfluss auf weitere Vereinbarungen in der Gemeinschaftsordnung hat, ließe sich ggf. der Gedanke des § 139 BGB und das Institut des *blue-pencil-Tests* übertragen. Keinesfalls hat die Feststellung zur Folge, dass ohne Weiteres die Gemeinschaftsordnung in Gänze ihre Wirksamkeit verliert.

307

Die Anwendung des § 47 WEG setzt hiernach eine **Einzelfallprüfung** voraus. Viele Vereinbarungen setzen hierbei lediglich auf den bisherigen Rechtszustand auf und modifizieren diesen nur. Als Beispiel soll die nachfolgende Regelung zu baulichen Veränderungen dienen:[247]

308

§ 7 Bauliche Veränderungen
(1) Bauliche Veränderungen und Aufwendungen, die über die ordnungsmäßige Instandhaltung oder Instandsetzung des gemeinschaftlichen Eigentums hinausgehen und jeweils nur eine Wirtschaftseinheit betreffen, können beschlossen oder verlangt werden, wenn jeder

---

246 Enger *Becker/Schneider* ZfIR 2020, 281 (308).
247 BeckFormB WEG-R/*Müller*, D. VI. Mehrhausanlagen: Gemeinschaftsordnung für eine in zwei Bauabschnitten zu errichtende Mehrhausanlage.

Wohnungseigentümer der betroffenen Wirtschaftseinheit zustimmt, dessen Rechte durch die Maßnahmen über das in § 14 Nr. 1 WEG bestimmte Maß hinaus beeinträchtigt werden.

Entsprechendes gilt für Maßnahmen im Sinne des § 22 Abs. 2 WEG mit der Maßgabe, dass Bezugsgröße für das Quorum die Anzahl der Wohnungseigentümer der betroffenen Wirtschaftseinheit und die auf diese Einheit entfallenden Miteigentumsanteile sind.

Insoweit wird § 22 Abs. 1 und Abs. 2 WEG abbedungen.

(2) Für die Anwendung des § 16 Abs. 4 WEG gilt unter den Voraussetzungen der Ziff. 1, S. 1 die Regelung in Ziff. 1 S. 2 entsprechend, soweit dort die Bezugsgröße für das Quorum bestimmt ist.

(3) Die Kosten einer baulichen Veränderung, im Sinne von § 22 Abs. 1 und 2 WEG, die ein Wohnungs- oder Teileigentümer beantragt und die nur diesem zugutekommt, können diesem alleine auferlegt werden. Dies gilt auch für alle etwaigen Folgekosten der Instandhaltung, Instandsetzung oder Verkehrssicherung.

(4) IÜ hat es bei der Gesetzeslage sein Bewenden, soweit bauliche Veränderungen im Sinne von § 22 Abs. 1 und Abs. 2 WEG alle Wohnungs- und Teileigentümer betreffen.

309 Die Regelung ist so dicht an den bisherigen Rechtszustand angelehnt und mit diesem so eng verwoben, dass die Auslegung ergibt, dass die Regelung in der Gemeinschaftsordnung der geänderten Gesetzeslage nicht vorgeht. Bei § 7 Abs. 1 S. 1 der Gemeinschaftsordnung handelt es sich lediglich um eine gesetzeswiederholende Regelung. Die Beschränkung auf die jeweiligen Untergemeinschaften hat hierauf keinen Einfluss. Diese Regelung überdauert die Gesetzesänderung daher von vornherein nicht. Da die übrigen Regelungen hierauf eng angepasst sind, können diese auch keine Geltung mehr beanspruchen, eine „**geltungserhaltende Reduktion**" kommt nicht in Betracht.

b) Übergangsvorschriften nach § 48 WEG

310 § 48 WEG regelt die Übergangsvorschriften für einzelne gesetzliche Regelungen des WEMoG. Die Vorschrift führt wie folgt aus:

§ 48 WEG Übergangsvorschriften

(1) § 5 Absatz 4, § 7 Absatz 2 und § 10 Absatz 3 in der vom 1.12.2020 an geltenden Fassung gelten auch für solche Beschlüsse, die vor diesem Zeitpunkt gefasst oder durch gerichtliche Entscheidung ersetzt wurden. Abweichend davon bestimmt sich die Wirksamkeit eines Beschlusses im Sinne des Satzes 1 gegen den Sondernachfolger eines Wohnungseigentümers nach § 10 Absatz 4 in der vor dem 1.12.2020 geltenden Fassung, wenn die Sondernachfolge bis zum 31.12.2025 eintritt. Jeder Wohnungseigentümer kann bis zum 31.12.2025 verlangen, dass ein Beschluss im Sinne des Satzes 1 erneut gefasst wird; § 204 Absatz 1 Nummer 1 des Bürgerlichen Gesetzbuchs gilt entsprechend.

(2) § 5 Absatz 4 Satz 3 gilt in der vor dem 1.12.2020 geltenden Fassung weiter für Vereinbarungen und Beschlüsse, die vor diesem Zeitpunkt getroffen oder gefasst wurden, und zu denen vor dem 1.12.2020 alle Zustimmungen erteilt wurden, die nach den vor diesem Zeitpunkt geltenden Vorschriften erforderlich waren.

(3) § 7 Absatz 3 Satz 2 gilt auch für Vereinbarungen und Beschlüsse, die vor dem 1.12.2020 getroffen oder gefasst wurden. Ist eine Vereinbarung oder ein Beschluss im Sinne des Satzes 1 entgegen der Vorgabe des § 7 Absatz 3 Satz 2 nicht ausdrücklich im Grundbuch eingetragen, erfolgt die ausdrückliche Eintragung in allen Wohnungsgrundbüchern nur auf Antrag eines Wohnungseigentümers oder der Gemeinschaft der Wohnungseigentümer. Ist die Haftung von Sondernachfolgern für Geldschulden entgegen der Vorgabe des § 7 Absatz 3 Satz 2 nicht ausdrücklich im Grundbuch eingetragen, lässt dies die Wirkung gegen den Sondernachfolger eines Wohnungseigentümers unberührt, wenn die Sondernachfolge bis zum 31.12.2025 eintritt.

(4) § 19 Absatz 2 Nummer 6 ist ab dem 1.12.2022 anwendbar. Eine Person, die am 1.12.2020 Verwalter einer Gemeinschaft der Wohnungseigentümer war, gilt gegenüber den Wohnungseigentümern dieser Gemeinschaft der Wohnungseigentümer bis zum 1.6.2024 als zertifizierter Verwalter.

(5) Für die bereits vor dem 1.12.2020 bei Gericht anhängigen Verfahren sind die Vorschriften des dritten Teils dieses Gesetzes in ihrer bis dahin geltenden Fassung weiter anzuwenden.

§ 48 Abs. 1 S. 1 WEG ordnet die Rückwirkung des § 5 Abs. 4 WEG, § 7 Abs. 2 WEG und § 10 Abs. 3 WEG an. Hiernach sind sämtliche **vereinbarungsändernde „Altbeschlüsse"**, die aufgrund einer Öffnungsklausel gefasst wurden, in das Grundbuch einzutragen.[248] Eine solche Eintragung war nach § 10 Abs. 4 WEG aF nicht erforderlich. Die Vorschrift greift hiermit Jahrzehnte zurück und begründet eine Handlungspflicht der Gemeinschaft der Wohnungseigentümer.[249] Ansonsten ginge die bisherige eintragungsunabhängige Wirkung verloren. Die Gesetzesbegründung[250] führt hierzu wie folgt aus:

311

> „Nach § 5 Absatz 4 Satz 1 WEG-E können Beschlüsse, die aufgrund einer Vereinbarung gefasst werden, durch Eintragung im Grundbuch zum Inhalt des Sondereigentums gemacht werden. Nach § 10 Absatz 3 Satz 1 WEG-E ist die Eintragung notwendig, damit diese Beschlüsse gegen Sondernachfolger wirken.
>
> § 48 Absatz 1 Satz 1 ordnet an, dass für die Wirkung gegen Sondernachfolger grundsätzlich auch die Eintragung solcher Beschlüsse notwendig ist, die vor Inkrafttreten der Neuregelung gefasst oder durch gerichtliche Entscheidung ersetzt wurden (sogenannte Altbeschlüsse)."

§ 48 Abs. 1 S. 2 WEG gewährt eine **Übergangsfrist** für die Eintragungen der Beschlüsse bis zum **31.12.2025**. Bis dahin gelten also die bisherigen Beschlussfassungen vereinbarungsändernd fort, auch wenn sich die Zusammensetzung der Gemeinschaft zwischenzeitlich ändert(e). Die Gesetzesbegründung[251] führt hierzu wie folgt aus:

312

---

248 Zum Ganzen *Wilsch* FGPRax 2020, 1.
249 *Wilsch* FGPrax 2020, 1; Bärmann/Pick/*Emmerich* WEG § 48 Rn. 2.
250 BT-Drs. 19/18791, 83.
251 BT-Drs. 19/18791, 83.

„§ 48 Absatz 1 Satz 2 sieht jedoch eine Übergangsfrist bis zum 31.12.2025 vor. Sie verhindert, dass Altbeschlüsse gegenüber Sondernachfolgern nicht wirken, weil die Sondernachfolge eintritt, bevor der Beschluss im Grundbuch eingetragen ist. Altbeschlüsse wirken deshalb nach dem geltenden § 10 Absatz 4 auch ohne Eintragung im Grundbuch gegen Sondernachfolger, wenn die Sondernachfolge bis zum 31.12.2025 eintritt. Die Praxis erhält damit ausreichend Zeit, um die Eintragung von Altbeschlüssen in das Grundbuch zu bewirken."

313 Nach § 48 Abs. 1 S. 3 WEG kann jeder Wohnungseigentümer bis zum 31.12.2025 verlangen, dass ein entsprechender Beschluss **erneut gefasst** wird. Die Gesetzesbegründung[252] referiert hierzu wie folgt:

„Für das Eintragungsverfahren gilt die Vorschrift des § 7 Absatz 2 WEG-E. Demnach genügt eine Niederschrift über den Altbeschluss in der dort vorgeschriebenen Form. Für den Fall, dass die in § 24 Absatz 6 genannten Personen nicht mehr zur Verfügung stehen, sieht § 48 Absatz 1 Satz 3 eine weitere Erleichterung vor. Die Vorschrift gewährt jedem Wohnungseigentümer einen Anspruch darauf, dass ein nach § 48 Absatz 1 Satz 1 einzutragender Altbeschluss erneut gefasst wird. Der erneut gefasste Beschluss kann dann nach § 7 Absatz 2 WEG-E eingetragen werden. Der Anspruch setzt voraus, dass ein wirksamer Altbeschluss gefasst wurde. Erfüllen die Wohnungseigentümer diesen Anspruch nicht durch eine entsprechende Beschlussfassung, kann Beschlussersetzungsklage erhoben werden (§ 44 Absatz 1 Satz 2 WEG-E). Der Anspruch ist bis zum 31.12.2025 befristet. Ist bei Fristablauf eine Beschlussersetzungsklage rechtshängig, besteht der Anspruch bis zum Abschluss des Verfahrens weiter, denn § 48 Absatz 1 Satz 2 Halbsatz 2 ordnet die entsprechende Anwendung von § 204 Absatz 1 Nummer 1 BGB an. Der Fortbestand des Anspruchs hat jedoch keine Auswirkungen auf Sondernachfolger, wenn die Sondernachfolge nach Ablauf der Frist eintritt; gegen sie wirkt der Altbeschluss nur bei Eintragung im Grundbuch."

314 § 48 Abs. 2 WEG ordnet an, dass § 5 Abs. 4 S. 3 WEG in der derzeit geltenden Fassung, der durch das WEMoG aufgehoben wird, weiter für Vereinbarungen und Beschlüsse gilt, die **vor dem Inkrafttreten** des WEMoG gefasst wurden. Hierdurch wird verhindert, dass bereits gefasste Beschlüsse wieder schwebend unwirksam werden.[253]

315 § 48 Abs. 3 WEG betrifft Vereinbarungen über Veräußerungsbeschränkungen nach § 12 und über die Haftung von Sondernachfolgern für Geldschulden, die vor dem Inkrafttreten der Neuregelung getroffen wurden.

---

[252] BT-Drs. 19/18791, 83.
[253] Bärmann/Pick/*Emmerich* WEG § 48 Rn. 3; BT-Drs. 19/18791, 83.

Die Gesetzesbegründung[254] führt hierzu wie folgt aus: 316

„Nach Satz 1 gilt § 7 Absatz 3 Satz 2 WEG-E auch für diese Vereinbarungen und Beschlüsse. Auch wenn sie bereits nach dem geltenden § 7 Absatz 3 unter Bezugnahme eingetragen wurden, sind sie nunmehr ausdrücklich in das Grundbuch einzutragen. Grundbuchrechtlich handelt es sich dabei um eine Richtigstellung, die nach Satz 2 aber nicht von Amts wegen, sondern nur auf Antrag eines Wohnungseigentümers oder der Gemeinschaft der Wohnungseigentümer, die dabei in der Regel durch den Verwalter vertreten wird (§ 9 b Absatz 1 Satz 1 WEG-E), in allen Wohnungsgrundbüchern erfolgt; einer Bewilligung bedarf es nicht.

Satz 3 gewährt für nicht eingetragene Haftungsklauseln eine Übergangsfrist bis zum 31.12.2025. Eine Haftungsklausel, die lediglich durch Bezugnahme nach dem geltenden § 7 Absatz 3 WEG, aber nicht ausdrücklich im Grundbuch eingetragen ist, wirkt demnach gegenüber Sondernachfolgern, wenn die Sondernachfolge bis zum Ablauf der Übergangsfrist eintritt."

§ 48 Abs. 4 WEG gewährleistet einen zeitlich machbaren Übergang zum zertifi- 317
zierten Verwalter. Die Gesetzesbegründung führt hierzu wie folgt aus:

„§ 19 Absatz 2 Nummer 6, der den Anspruch auf Bestellung eines zertifizierten Verwalters begründet, ist nach § 48 Absatz 4 Satz 1 erst zwei Jahre nach Inkrafttreten des Gesetzes anwendbar, um die Entwicklung und Umsetzung der notwendigen Zertifizierungsverfahren zu ermöglichen.

§ 48 Absatz 4 Satz 2 sieht eine Übergangsfrist für Personen vor, die bei Inkrafttreten des Gesetzes bereits zum Verwalter einer Gemeinschaft der Wohnungseigentümer bestellt sind. Sie gelten gegenüber den Wohnungseigentümern dieser Gemeinschaft der Wohnungseigentümer noch für weitere dreieinhalb Jahre als zertifizierter Verwalter. Verwaltern, die bereits über praktische Erfahrung verfügen, soll damit etwas Zeit eingeräumt werden, die Prüfung abzulegen. Dies entlastet zugleich die Prüfungsstellen und lässt ihnen Kapazität für die noch jungen Verwalter."

Durch § 48 Abs. 5 WEG wird schließlich gewährleistet, dass die Änderung der 318
Verfahrensvorschriften bereits laufende gerichtliche Verfahren unberührt lässt.

Eine Übergangsregelung zum materiellen Recht fehlt, wie bereits im Rahmen des 319
§ 63 WEG aF Es finden jedoch die intertemporalen Grundsätze Anwendung, wonach ein Rechtsverhältnis nur dem im Zeitpunkt seiner Entstehung gültigen Recht unterfällt. Beschlüsse vor dem 1.12.2020 sind daher nach altem Recht zu beurteilen. Sofern das neue Recht die Beschlussfassung zulässt, hat das auf eine Anfechtbarkeit eines Altbeschlusses keine Auswirkungen. Den Wohnungseigen-

---

254 BT-Drs. 19/18791, 84.

tümern bleibt es aber unbenommen, die Beschlussfassung unter dem neuen Recht zu wiederholen.

Sofern **Beschlusskompetenzen** durch das WEMoG entfallen sind (vgl. §§ 10 Abs. 6 S. 3 Hs. 2, 16 Abs. 4 S. 1, 21 Abs. 7, 26 Abs. 1 S. 5, 27 Abs. 2 Nr. 3, 27 Abs. 3 S. 3, 45 Abs. 2 S. 1 WEG aF), der Beschluss aber vor dem 1.12.2020 gefasst wurde, ist zu differenzieren. Soweit die Beschlüsse die Rechtsgrundlage für bereits bestehende Rechtsgeschäfte oder Realhandlungen bilden, ändert sich an deren Wirksamkeit nichts.[255] Ab dem 1.12.2020 sollen die Beschlüsse indes ihre Wirkung für die Zukunft verlieren.[256]

Nach hier vertretener Ansicht bleibt das bisherige Recht auch auf Schadensersatzansprüche anwendbar, die vor dem 1.12.2020 zur Entstehung gelangt sind. Dies betrifft sowohl die Frage nach der Anspruchsgrundlage (bspw. § 21 Abs. 6 WEG aF) als auch nach dem richtigen Anspruchsgegner.

8. Umlageschlüssel

320   Unter dem Gesichtspunkt des Umlageschlüssels geht es um die Verteilung von Kosten des gemeinschaftlichen Eigentums auf die einzelnen Eigentümer. Insoweit kannte das Gesetz in § 16 WEG aF bislang ein recht differenziertes Regelungsregime, das zumindest im Ausgangspunkt von einer Verteilung nach **Miteigentumsanteilen** ausgeht. Daran ändert auch das WEMoG im Ausgangspunkt nichts, vgl. § 16 Abs. 2 WEG. Allerdings eröffnet § 16 Abs. 2 S. 2 WEG den Eigentümern die Möglichkeit, von der gesetzlichen Verteilungsregel oder einem vereinbarten Pendant für einzelne Kosten oder bestimmte Arten von Kosten durch Beschluss abzuweichen. Dadurch entfällt das System des bisherigen § 16 Abs. 3 bis 5 WEG. An seine Stelle tritt ein eher einfacher Mechanismus, der die Kostenverteilung weithin zur Disposition einer einfachen Mehrheit der Wohnungseigentümer stellt. Das ist vom Gesetzgeber so gewollt.[257]

321   Eine abweichende Kostenverteilung kann beschlossen werden für einzelne Kosten oder auch für bestimmte Arten von Kosten. **Einzelne Kosten** sind konkret bestimmbare, einmalig anfallende Positionen, beispielsweise die Kosten eines Fensteraustauschs.[258] Wesentlich weiter noch geht aber die andere Variante, die auf **Arten von Kosten** abstellt. Dieser Begriff soll weit zu verstehen sein und umfasst sowohl regelmäßig wiederkehrende Positionen als auch unregelmäßig wiederkehrende, aber gleichartige Positionen. Die Wohnungseigentümer können also somit beschließen, dass jeder Wohnungseigentümer die Kosten für den Aus-

---

255 *Hügel/Elzer* WEG § 48 Rn. 18-23.
256 BR-Drs. 168/20, 49; ausführlich mit Beispielen *Hügel/Elzer* WEG § 48 Rn. 18-23.
257 Vgl. BT-Drs. 19/18791, 54.
258 BT-Drs. 19/18791, 54.

tausch von Fenstern zu tragen hat, die sich im Bereich seines Sondereigentums befinden.[259]

Damit erlaubt das Gesetz nunmehr auch über den Einzelfall hinaus die Beschlussfassung über eine abweichende **Verteilung** von Kosten. Unzulässig ist lediglich eine generelle Veränderung des allgemeinen Verteilungsschlüssels.[260]

Die Verteilung von Kosten im Zusammenhang mit **baulichen Veränderungen** bestimmt sich nach § 21 WEG, wie § 16 Abs. 3 WEG klarstellt (→ Rn. 50 ff.).

9. Vereinbarung

Der neue § 7 Abs. 3 S. 2 WEG sieht vor, dass bestimmte, für Erwerber besonders bedeutsame Regelungen ausdrücklich in das Grundbuch eingetragen werden müssen, um gegen sie zu wirken; eine Bezugnahme genügt insoweit nicht. Für Veräußerungsbeschränkungen nach § 12 ist dies bislang schon in § 3 Abs. 2 der Wohnungsgrundbuchverfügung (WGV) vorgesehen gewesen. Die zusätzliche Aufnahme dieser Vorschrift in das WEG dient der Rechtsklarheit, ohne dass damit inhaltliche Änderungen verbunden wären.[261] Daneben müssen auch Vereinbarungen, die die **Haftung von Sondernachfolgern** für Geldschulden begründen, ausdrücklich in das Grundbuch eingetragen werden. Der Begriff der Geldschuld ist dabei wie in § 288 Abs. 1 S. 1 BGB zu verstehen und erfasst insbesondere Hausgeldschulden.[262]

10. Verfahren/Prozessuales

Das Paragrafenfeld §§ 43–58 WEG enthielt bislang prozessuale Vorschriften und einige Leerparagrafen. All das wurde durch die Novelle erheblich zusammengestrichen. Übrig bleiben unter dem Strich drei Paragrafen als „Verfahrensvorschriften" – so die Überschrift des neuen Teils 3, der nur noch die neuen §§ 43, 44 und 45 WEG enthält. Es handelt sich um die Beseitigung der letzten Relikte des Verfahrens nach der freiwilligen Gerichtsbarkeit[263] und damit um die Vollendung der Überführung der WEG-Streitigkeiten in den **Zivilprozess** nach den Regelungen der ZPO.[264] Obgleich die Änderungen vom Ausmaß her erheblich erscheinen, findet sich in der Gesetzesbegründung häufig der Hinweis darauf, dass eine inhaltliche Abänderung der bisherigen Rechtslage tatsächlich nicht eintreten soll.

§ 43 WEG trifft Anordnungen über die Zuständigkeit. Ihren allgemeinen Gerichtsstand hat die Gemeinschaft der Wohnungseigentümer bei dem Gericht, in dessen Bezirk das Grundstück liegt. § 43 Abs. 2 WEG zählt auf, für welche Strei-

---

259 BT-Drs. 19/18791, 54.
260 BT-Drs. 19/18791, 54.
261 BT-Drs. 19/18791, 40.
262 BT-Drs. 19/18791, 40.
263 BT-Drs. 19/18791, 77.
264 Dazu auch *Blankenstein* AnwZert MietR 23/2020 Anm. 2.

tigkeiten dieses Gericht **ausschließlich** zuständig ist, nämlich Streitigkeiten über die Rechte und Pflichten der Wohnungseigentümer untereinander, Streitigkeiten über die Rechte und Pflichten zwischen der Gemeinschaft der Wohnungseigentümer und Wohnungseigentümern, Streitigkeiten über die Rechte und Pflichten des Verwalters sowie Beschlussklagen.

327 WEG-seitig gibt es drei **Klagearten**, die in § 44 WEG unter dem Oberbegriff **Beschlussklagen** dargestellt sind. Es sind dies die Anfechtungsklage, die Nichtigkeitsklage und die Beschlussersetzungsklage. Während die ersten beiden darauf abzielen, einen gefassten Beschluss zu beseitigen, dient die Beschlussersetzungsklage der Herbeiführung eines Beschlusses durch das Gericht. Eine Anfechtungsklage des Verwalters ist nicht vorgesehen.[265]

328 § 44 Abs. 2–4 WEG gelten gleichermaßen für alle drei Klagearten. Sie sind durchgehend gegen die **Gemeinschaft** der Wohnungseigentümer als Klagegegner zu richten. Besonders wichtig ist diese Änderung bei der auch weiterhin fristgebundenen **Anfechtungsklage**. Nach bislang geltendem Recht ist diese gegen die übrigen Wohnungseigentümer zu richten. Daran wird nicht länger festgehalten. Insoweit bringt die Novelle sicherlich eine Änderung mit Haftungsrisiko für anwaltliche Berater. Der Verwalter hat den Eigentümern die Erhebung einer jeden Klage unverzüglich bekannt zu machen.

329 Ein Urteil im Rahmen der drei WEG-seitigen Klagearten entfaltet auch Wirkung für und gegen die Wohnungseigentümer, selbst wenn sie nicht an dem Prozess beteiligt sind. Der Gesetzgeber zielt mit dieser **Rechtskrafterstreckung** auf eine Steigerung der Rechtssicherheit ab.[266] Im Falle einer Nebenintervention wird die Kostenerstattung begrenzt.

11. Versammlung

330 Auch im Hinblick auf die Versammlung der Wohnungseigentümer ergeben sich Änderungen.

331 Beim Einberufungsverlangen (Quorum) reicht nunmehr **Textform** aus, § 24 Abs. 2 WEG. Das passt zu der Abmilderung des Formerfordernisses beim Umlaufbeschluss. Für Vollmachten in der Versammlung gilt entsprechendes. Die Ladungsfrist wird auf grundsätzlich drei Wochen verlängert;[267] eine Abkürzung in dringenden Fällen bleibt aber möglich.

332 Nach der bisherigen gesetzlichen Konzeption ist die Versammlung eine **Präsenzversammlung**. Bemühungen, innerhalb des geltenden gesetzlichen Rahmens davon abzuweichen, haben im Ergebnis nicht überzeugt. Dem versucht das WEMoG nun abzuhelfen. Allerdings bleibt es im Ausgangspunkt bei der Ver-

---

265 Dazu näher BT-Drs. 19/18791, 80.
266 BT-Drs. 19/18791, 81.
267 § 24 Abs. 4 S. 2 WEG.

sammlung als Präsenzveranstaltung. Jedoch erhalten die Eigentümer die Möglichkeit, durch Beschlussfassung herbeizuführen, dass sie an der Versammlung auch ohne Anwesenheit an deren Ort teilnehmen und sämtliche oder einzelne ihrer Rechte ganz oder teilweise im Wege elektronischer Kommunikation ausüben können.[268] Falsch wäre es insoweit anzunehmen, dass die Novelle bereits aus sich heraus eine Art „**Online-Versammlung**" ermöglicht. Die Entscheidung über das Ob und das Wie ist vielmehr den Eigentümern überantwortet. Wenn sich keine Mehrheit findet, bleibt es bei der bisherigen Rechtslage. Die neuerdings eingeräumte Beschlusskompetenz ermöglicht es auch nicht, die Präsenzversammlung insgesamt zugunsten einer reinen Online-Versammlung abzuschaffen; das Recht jedes Wohnungseigentümers, physisch an der Versammlung teilzunehmen, steht damit nicht zur Disposition der Mehrheit.[269]

333 Um etwas aus der neuen rechtlichen Möglichkeit zu machen, wird ein wenig juristische Fantasie gefragt sein. Denn welchen Nutzen sie tatsächlich bringt, hängt letztendlich erheblich von dem Beschluss ab, der auf ihrer Basis gefasst wird. Es kommt also auf die richtige **Ausgestaltung** an. Dabei ist auch die technische Entwicklung im Auge zu behalten, die gerade auf diesem Sektor in der letzten Zeit enorm schnell war. Geregelt werden sollte insbesondere, auf welchen Wegen die virtuelle Teilnahme an der Versammlung möglich ist und was im Falle eines Scheiterns oder Unterbrechens der Übertragung geschieht.[270] Dabei wird auch zu beachten sein, dass das Recht auf Teilnahme an der Versammlung zu den besonders sensiblen Rechten gehört und insoweit Kernbereichsrelevanz besteht.

12. Verwalter

334 Die neue **Stellung** des Verwalters wird maßgeblich durch § 27 WEG beeinflusst. Danach ist er gegenüber der Gemeinschaft berechtigt und verpflichtet, die Maßnahmen ordnungsmäßiger Verwaltung zu treffen, über die eine Beschlussfassung durch die Wohnungseigentümer nicht geboten ist oder die zur Wahrung einer Frist oder zur Abwendung eines Nachteils erforderlich sind. Allerdings ist diese Rechtsposition **variabel**, weil die Eigentümer hier befugt sind, durch Beschlussfassung einzuwirken.[271] Ein auf dieser Grundlage gefasster Beschluss betrifft aber stets nur das Innenverhältnis; die Vertretungsmacht des Verwalters ist aus Gründen der Rechtssicherheit nach § 9 b Abs. 1 S. 3 WEG unbeschränkbar.[272]

335 Im Bereich der **Verwalterabberufung** kommt es zu einem Systemwechsel. Nach vorherigem Recht galt, dass sie auf das Vorliegen eines wichtigen Grundes beschränkt werden kann. Daran wurde nicht festgehalten. Vielmehr haben die

---

268 § 23 Abs. 1 S. 2 WEG.
269 BT-Drs. 19/18791, 69.
270 Zu einem **Mustertext** *Pauli* AnwZert MietR 9/2020 Anm. 2.
271 § 27 Abs. 2 WEG.
272 BT-Drs. 19/18791, 73.

Wohnungseigentümer nunmehr stets die Möglichkeit, sich von einem Verwalter zu trennen, wenn sie das Vertrauen in ihn verloren haben. Von der Abberufung als Organ unabhängig ist freilich der Vergütungsanspruch des Verwalters; er richtet sich nach den diesbezüglichen vertraglichen Vereinbarungen.[273] Diese Änderung dürfte dazu führen, dass auch die Vorlagen für Verwalterverträge zumindest teilweise neu durchdacht werden müssen.

Erst spät im Gesetzgebungsverfahren hinzugekommen ist § 26a WEG mit der Überschrift **„Zertifizierter Verwalter"**. Dessen Absatz 1 definiert, wer sich als solcher bezeichnen darf. Es sind dies diejenigen, die vor einer Industrie- und Handelskammer durch eine Prüfung nachgewiesen haben, dass sie über die für die Tätigkeit als Verwalter notwendigen rechtlichen, kaufmännischen und technischen Kenntnisse verfügen. Absatz 2 überantwortet nähere Bestimmungen hinsichtlich der Prüfung einer Rechtsverordnung, die bislang nicht existiert. Gemäß § 19 Abs. 2 Nr. 6 WEG gehört zur ordnungsmäßigen Verwaltung des gemeinschaftlichen Eigentums auch die Bestellung eines zertifizierten Verwalters.[274] Eine Person, die am 1.12.2020 Verwalter einer Gemeinschaft der Wohnungseigentümer war, gilt gegenüber den Wohnungseigentümern dieser Gemeinschaft bis zum **1.6.2024** als zertifizierter Verwalter.[275]

13. Verwaltungsbeirat

336 Auch im Hinblick auf den Verwaltungsbeirat[276] ergeben sich Änderungen. Sie stehen unter dem Vorzeichen, dass die Mitgliedschaft in diesem Gremium und das damit verbundene Engagement bislang nicht besonders attraktiv waren.[277] Der Gesetzgeber erhofft sich von der Änderung, dass mehr Wohnungseigentümer bereit sind, sich auf diese Weise zu engagieren. Ob dieses Ziel erreicht wird, bleibt abzuwarten.

337 Bislang besteht der Verwaltungsbeirat aus **drei Wohnungseigentümern**, so jedenfalls das gesetzliche Leitbild. Beschließen die Wohnungseigentümer demgegenüber eine abweichende Mitgliederzahl, ist ein solcher Beschluss nach insbesondere höchstrichterlicher Rechtsprechung anfechtbar und im Falle der Anfechtung aufzuheben. Diese Rechtslage erscheint nicht mehr sachgerecht, insbesondere vor dem Hintergrund eines Bedürfnisses, die Zahl der Beiratsmitglieder flexibel festlegen zu können.[278]

338 § 29 Abs. 1 S. 1 WEG sieht deswegen vor, dass die Wohnungseigentümer über die Zahl der Mitglieder des Verwaltungsbeirats beschließen können. Es kann

---

273 BT-Drs. 19/18791, 72.
274 Allerdings ist diese Bestimmung gemäß § 48 Abs. 4 S. 1 WEG erst ab dem 1.12.2022 anwendbar.
275 *Hügel/Elzer* WEG § 26a Rn. 6.
276 § 29 WEG.
277 BT-Drs. 19/18791, 76.
278 BT-Drs. 19/18791, 76.

auch nur ein Wohnungseigentümer zum **einzigen Mitglied** des Verwaltungsbeirats bestellt werden; er ist dann automatisch dessen Vorsitzender.[279] Besteht der Verwaltungsbeirat aus mehreren Mitgliedern, sind nach Satz 2 ein Vorsitzender und dessen Stellvertreter zu bestimmen. Wer diese Bestimmung trifft, ordnet das Gesetz nicht an.

§ 29 Abs. 3 WEG sieht vor, dass die Mitglieder des Verwaltungsbeirats nur Vorsatz und grobe Fahrlässigkeit zu vertreten haben, wenn sie **unentgeltlich** tätig werden. Entgelt im Sinne dieser Vorschrift meint eine finanzielle Gegenleistung für die Tätigkeit. Die Erstattung von Auslagen fällt nicht darunter.

339

14. Wirtschaftsplan und Jahresabrechnung

Gesetzlicher Ankerpunkt für den Wirtschaftsplan und die Abrechnung ist der neue § 28 WEG, und zwar dessen erster und zweiter Absatz. Diese Vorschriften lauten wie folgt:

340

(1) Die Wohnungseigentümer beschließen über die Vorschüsse zur Kostentragung und zu den nach § 19 Absatz 2 Nummer 4 oder durch Beschluss vorgesehenen Rücklagen. Zu diesem Zweck hat der Verwalter jeweils für ein Kalenderjahr einen Wirtschaftsplan aufzustellen, der darüber hinaus die voraussichtlichen Einnahmen und Ausgaben enthält.

(2) Nach Ablauf des Kalenderjahres beschließen die Wohnungseigentümer über die Einforderung von Nachschüssen oder die Anpassung der beschlossenen Vorschüsse. Zu diesem Zweck hat der Verwalter eine Abrechnung über den Wirtschaftsplan (Jahresabrechnung) aufzustellen, die darüber hinaus die Einnahmen und Ausgaben enthält.

Regelungstechnisch sind Absatz 1 mit dem Wirtschaftsplan und Absatz 2 mit der Jahresabrechnung parallel aufgebaut: Satz 1 regelt jeweils den **Beschlussgegenstand** und begrenzt diesen auf die Zahlungspflicht. Satz 2 schreibt vor, welche Informationen den Wohnungseigentümern im Rahmen der Beschlussvorbereitung zur Verfügung gestellt werden müssen. Durch dieses System wird zwischen Beschlussgegenstand[280] und **Beschlussvorbereitung**[281] unterschieden. Dadurch wird deutlich gemacht, dass nicht jeder Fehler in der Beschlussvorbereitung den Beschluss selbst fehlerhaft macht.[282]

341

§ 28 Abs. 1 S. 1 WEG regelt den Gegenstand des **Beschlusses** über den **Wirtschaftsplan**. Gegenstand dieses Beschlusses sind die Vorschüsse zur Kostentragung und zu den nach § 19 Abs. 2 Nr. 4 WEG oder durch Beschluss vorgesehenen Rücklagen; Beschlussgegenstand sind also nur die diesbezüglichen Zahlungspflichten. Das zugrundeliegende Zahlenwerk ist nicht Gegenstand des Beschlusses, sondern dient nur seiner Vorbereitung.[283]

342

---

279 BT-Drs. 19/18791, 76.
280 Jeweils Satz 1.
281 Jeweils Satz 2.
282 BT-Drs. 19/18791, 74.
283 BT-Drs. 19/18791, 74.

343 § 28 Abs. 2 S. 1 WEG betrifft den Gegenstand des **Beschlusses** über die **Jahresabrechnung**. Gegenstand dieses Beschlusses ist die Einforderung von Nachschüssen oder die Anpassung beschlossener Vorschüsse. Beschlussgegenstand sind also wiederum nur Zahlungspflichten, die zum Ausgleich einer Unter- oder Überdeckung aus dem Wirtschaftsplan erforderlich sind.[284]

344 Die Änderungen sollen vor allem mehr Transparenz und einen Rückgang von Streitigkeiten bewirken.

15. Weitere Änderungen im Überblick
a) Erhaltungsrücklage

345 Noch nie ganz frei von Bedenken in begrifflicher Hinsicht war die „Instandhaltungsrückstellung" gem. § 21 Abs. 5 WEG aF. Dennoch hatte die Praxis gelernt, sich mit ihr zu arrangieren. Sie erhält einen neuen Namen und heißt nunmehr Erhaltungsrücklage. Erhaltung dürfte als der gemeinsame Oberbegriff von **Instandhaltung** und **Instandsetzung** aufzufassen und deshalb gewählt worden sein. Erwähnt wird sie in § 19 Abs. 2 WEG unter dem Gesichtspunkt einer ordnungsgemäßen Verwaltung und Benutzung. Insoweit ergibt sich also keine wirkliche Veränderung. Der Vermögensbericht gem. § 28 Abs. 3 WEG enthält insbesondere eine Information zum Stand dieser Rücklage.

b) Delegationsmöglichkeit, Wegfall

346 Durch die letzte größere WEG-Novelle in 2007 war die Möglichkeit geschaffen worden, mittels Rechtsverordnung die Aufgaben im Zusammenhang mit dem Aufteilungsplan und der Abgeschlossenheitsbescheinigung von den Baubehörden weg an bestimmte Sachverständige zu delegieren.[285] Diese Delegationsmöglichkeit hat keinerlei praktische Bedeutung erlangt und entfällt.[286]

c) Veräußerungsbeschränkung

347 Änderungen unterliegt auch die Aufhebung von Veräußerungsbeschränkungen.[287] Hier entfällt vor allem der zwingende Charakter der **Beschlusskompetenz** zur Aufhebung, so dass abweichende Vereinbarungen bis hin zum vollständigen Ausschluss der Aufhebungsmöglichkeit denkbar sind. Eine vereinbarte Veräußerungsbeschränkung ist also nicht länger unantastbar. Vor dem Hintergrund des Grundsatzes der Vertragsfreiheit[288] erscheint das vertretbar.

348 Veräußerungsbeschränkungen verfolgen nach hM den Zweck, eine Gemeinschaft vor dem Eindringen unerwünschter Personen und gegen sonstige unerwünschte

---

284 BT-Drs. 19/18791, 75.
285 § 7 Abs. 4 S. 3 WEG.
286 BT-Drs. 19/18791, 41.
287 § 12 WEG.
288 Vgl. BT-Drs. 19/18791, 49.

Veränderungen im Personenkreis der Teilhaber zu schützen.[289] Vor allem in kleineren Wohnanlagen kann es sinnvoll sein, dieses Ziel mehrheitsfest zu verankern. Insoweit besteht nach der Gesetzesnovelle ein **Gestaltungsspielraum**, der im Einzelfall interessengerecht verwirklicht werden muss. Dabei kommt auch in Betracht, eine Veräußerungsbeschränkung nicht vollständig der Disposition der Mehrheit zu entziehen, sondern nur das dafür erforderliche Quorum heraufzusetzen. Denn nach dem gesetzlichen Leitbild reicht für die Aufhebung bereits eine einfache Mehrheit aus.

Ist die Aufhebung einer Veräußerungsbeschränkung beschlossen, entfaltet diese materiellrechtlich keinerlei Wirkung mehr. Ihre Löschung im Grundbuch bestimmt sich aufgrund der Verweisung nach § 7 Abs. 2 WEG. Die Eintragung einer Vormerkung kommt nicht in Betracht, weil sie unnötig ist.[290] 349

d) „Werdender Wohnungseigentümer"

Eine Schöpfung vor allem der Rechtsprechung war die Rechtsfigur des werdenden Wohnungseigentümers.[291] Sie wurde bislang benötigt, um bei der Teilung durch den Eigentümer gemäß § 8 WEG in der Zeit bis zur Entstehung einer Gemeinschaft zu sachgerechten, weitgehend widerspruchsfreien Ergebnissen zu gelangen. Für sie bedeutet die Novelle an sich das Ende. Denn nach der neuen Konzeption bedarf es der Konstruktion einer werdenden Gemeinschaft nicht mehr, um die Anwendbarkeit des WEG vor der Eintragung des ersten **Erwerbers** als Wohnungseigentümer im Grundbuch zu begründen. Vielmehr ist das WEG bereits mit Anlegung der Wohnungsgrundbücher anwendbar.[292] Das ergibt sich aus § 9a Abs. 1 S. 2 WEG. 350

Allerdings hat eine Facette dieser Rechtsfigur die Novelle durch das WEMoG dann doch „überlebt" und ist sogar Gesetz geworden. § 8 Abs. 3 WEG bestimmt, dass derjenige, der einen durch Vormerkung gesicherten Anspruch auf Übertragung von Wohnungseigentum gegen den teilenden Eigentümer hat, gegenüber der **Gemeinschaft** und den anderen Wohnungseigentümern anstelle des teilenden Eigentümers als Wohnungseigentümer gilt, sobald ihm der Besitz an den zum Sondereigentum gehörenden Räumen übergeben wurde. Gesetzlich geregelt ist damit die Frage, unter welchen Voraussetzungen ein Erwerber, der noch nicht als Eigentümer im Grundbuch eingetragen ist, gleichwohl innerhalb der Gemeinschaft schon wie ein Wohnungseigentümer zu behandeln ist. 351

Zugeschnitten hat der Gesetzgeber § 8 Abs. 3 WEG erklärtermaßen auf den kaufvertraglichen Erwerb vom **Bauträger**.[293] Darin erschöpft sich sein Anwen- 352

---

[289] KG 14.6.2016 – 1 W 166/16, ZWE 2016, 377; OLG Nürnberg 31.8.2015 – 15 W 788/15, ZWE 2016, 20.
[290] Vgl. *Wilsch* FGPrax 2020, 1 (3).
[291] Vgl. dazu zB BGH 11.12.2015 – V ZR 80/15, ZWE 2016, 169.
[292] BT-Drs. 19/18791, 42.
[293] BT-Drs. 19/18791, 42.

dungsbereich jedoch nicht. Letztlich kommt es nur darauf an, dass – neben dem eingeräumten Besitz – ein durch Vormerkung gesicherter Anspruch auf Eigentumsverschaffung besteht. Die Quelle eines solchen Anspruchs muss nicht zwingend ein Kaufvertrag sein.

e) Wiederaufbau

353 Wegen der umfangreichen Neuausrichtung bei den baulichen Veränderungen und den verwandten Tatbeständen ist von § 22 WEG nur dessen vierter Absatz übrig geblieben, der nunmehr allein diesen Paragrafen bildet. Eine inhaltliche Änderung soll sich insoweit nicht ergeben.[294]

---

294 Vgl. BT-Drs. 19/18791, 69.

§ 4 Änderungen außerhalb des WEG

I. Bürgerliches Gesetzbuch (BGB)	2	e) Halbzwingender Charakter (§ 554 Abs. 2 BGB)	28
1. Barrierereduzierung, E-Mobilität und Einbruchsschutz (§ 554 BGB)	3	f) § 554 a BGB aF entfallen	29
a) Überblick	3	2. Umlage von Betriebskosten (§ 556 a Abs. 3 BGB)	30
b) Einzelheiten	6	3. Entsprechende Anwendbarkeit (§ 578 BGB)	33
(1) Bauliche Veränderung	8	II. Justizaktenaufbewahrungsgesetz	35
(2) Gebrauch durch Menschen mit Behinderungen	11	III. Gerichtsverfassungsgesetz (GVG)	36
(3) Laden elektrisch betriebener Fahrzeuge	12	IV. Gesetz über die Zwangsversteigerung und die Zwangsverwaltung (ZVG)	37
(4) Einbruchsschutz	16	V. Grundbuchverfügung	40
(5) Weitere Aspekte	17	VI. Wohnungsgrundbuchverfügung	41
c) Anspruchsausschluss (§ 554 Abs. 1 S. 2 BGB)	20	VII. Gerichtskostengesetz	42
d) Zusatzkaution (§ 554 Abs. 1 S. 3 BGB)	27	VIII. Weitere Änderungen im Überblick	44

Liegt der Schwerpunkt des WEMoG zwar naturgemäß auf den Änderungen der wohnungseigentumsrechtlichen Vorschriften im WEG selbst, so erschöpft sich die Novelle damit aber noch nicht. Flankiert wird sie durch weitere Änderungen, die sich außerhalb des WEG bewegen und überwiegend Folgeänderungen darstellen. Daneben finden sich vereinzelte Änderungen, die nicht in einem spezifisch wohnungseigentumsrechtlichen Zusammenhang stehen, sondern wohl nur bei Gelegenheit des WEMoG mitbeschlossen wurden (zB Art. 6, Fortschreibung von § 113 Abs. 3 S. 3 der Grundbuchverfügung). Die wichtigste Änderung außerhalb des WEG betrifft Anpassungen des **Mietrechts** im BGB. Hier tritt eines der Kernanliegen der Reform zu Tage, nämlich die Harmonisierung von Wohnungseigentums- und Mietrecht. Die Artikel 3 und 8 Nummer 4 sowie die Artikel 9 bis 11 sind bereits am Tag nach der Verkündung des WEMoG in Kraft getreten (Art. 17 S. 2 WEMoG). 1

I. Bürgerliches Gesetzbuch (BGB)

Im BGB hat das WEMoG insgesamt vier Änderungen bewirkt, die durchgehend das Mietrecht und überwiegend das Wohnungsmietrecht betreffen. Dreh- und Angelpunkt ist dabei der neue § 554 BGB, der systematisch gesehen im Wohnungsmietrecht verankert wurde und regelt, unter welchen Voraussetzungen der Mieter die Erlaubnis des Vermieters zu **baulichen Veränderungen** beanspruchen kann. Ergänzt wird dieser mietrechtliche Teil der Novelle durch einen neuen § 556a Abs. 3 BGB, der den Verteilungsmaßstab für Betriebskosten vermieteter Eigentumswohnungen betrifft. 2

1. Barrierereduzierung, E-Mobilität und Einbruchsschutz (§ 554 BGB)
a) Überblick

3 § 554 BGB, der zuletzt ohne Inhalt war, hat durch das WEMoG folgende Fassung erhalten:

§ 554 BGB Barrierereduzierung, E-Mobilität und Einbruchsschutz

(1) Der Mieter kann verlangen, dass ihm der Vermieter bauliche Veränderungen der Mietsache erlaubt, die dem Gebrauch durch Menschen mit Behinderungen, dem Laden elektrisch betriebener Fahrzeuge oder dem Einbruchsschutz dienen. Der Anspruch besteht nicht, wenn die bauliche Veränderung dem Vermieter auch unter Würdigung der Interessen des Mieters nicht zugemutet werden kann. Der Mieter kann sich im Zusammenhang mit der baulichen Veränderung zur Leistung einer besonderen Sicherheit verpflichten; § 551 Absatz 3 gilt entsprechend.

(2) Eine zum Nachteil des Mieters abweichende Vereinbarung ist unwirksam.

4 Strukturell betrachtet gibt die Norm dem Mieter im Grundsatz einen gegen den Vermieter gerichteten Anspruch auf Erteilung einer **Erlaubnis** zu bestimmten baulichen Veränderungen. Dieser Anspruch kann jedoch ausgeschlossen sein, wenn die beabsichtigte bauliche Veränderung unzumutbar ist. In diesem Fall entsteht der Anspruch erst gar nicht (Anspruchsausschluss). Zwingend sind diese gesetzlichen Vorgaben insoweit, als davon nicht zum Nachteil des Mieters abgewichen werden darf. Neben dieser nunmehr gegenüber der vorherigen Fassung ausgeweiteten Anspruchsgrundlage hat der ehemalige § 554a BGB seine Existenzberechtigung verloren und ist entfallen.

5 Die Aufzählung der **privilegierten** baulichen Veränderungen in § 554 Abs. 1 BGB ist abschließend und umfasst nur Maßnahmen, die dem Gebrauch der Mietsache durch Menschen mit Behinderungen, dem Laden elektrisch betriebener Fahrzeuge oder dem Einbruchsschutz dienen. Veränderungen der Mietsache, die unter keines dieser Merkmale fallen, kann der Mieter nicht für sich beanspruchen.

b) Einzelheiten

6 § 554 enthält eine Ausnahme von dem Grundsatz, dass der Mieter keinen Anspruch auf eine Erweiterung seines durch den Mietvertrag definierten Gebrauchsrechts hat. Das wäre beispielsweise bei einem Umbau der Mietsache der Fall. Eine ähnliche aber enger zugeschnittene Ausnahme galt bereits zuvor nach § 554a BGB aF im Hinblick auf eine behindertengerechte Nutzung der Mietsache. Insoweit hat das WEMoG zu einer Ausweitung geführt.

7 Die drei Sachverhalte, in denen das Gesetz nunmehr einen Anspruch des Mieters auf Erlaubnis baulicher Veränderungen anerkennt, sind in einer Vorschrift zusammengefasst.

(1) Bauliche Veränderung

Die vom Mieter begehrte Vertragsänderung muss sich auf die Erlaubnis einer baulichen Veränderung beziehen. Bauliche Veränderung ist jede **Modifikation der Substanz** der Mietsache.[295] Dabei kommt es nicht darauf an, ob das von der baulichen Veränderung betroffene Bauteil zu der vermieteten Wohnung gehört oder sich in einem dem Mieter nur zum Mitgebrauch überlassenen Bereich befindet. Der Anspruch kann namentlich auch dann bestehen, wenn der Mieter einen Treppenlift im Treppenhaus installieren möchte.[296]

8

Nicht unter die Vorschrift fallen hingegen räumliche Erweiterungen des Gebrauchsrechts.

9

Die drei Varianten des § 554 Abs. 1 S. 1 BGB sollen nach der Vorstellung des Gesetzgebers nur **geringe** Anforderungen errichten. Bei der Auslegung des Gesetzes kann dieser Umstand berücksichtigt werden.

10

(2) Gebrauch durch Menschen mit Behinderungen

Die erste Variante betrifft bauliche Veränderungen, die Menschen mit Behinderungen den Gebrauch der Mietsache erleichtern. Diese waren zuvor in § 554a BGB aF geregelt. Eine inhaltliche Änderung hat der Gesetzgeber nicht beabsichtigt.[297] Die von Rechtsprechung und Literatur insoweit entwickelten Leitlinien sind weiterhin zu beachten.

11

(3) Laden elektrisch betriebener Fahrzeuge

Hierzu hat der Gesetzgeber ausgeführt:[298]

12

> „Die zweite Variante betrifft bauliche Veränderungen, die dem Laden elektrisch betriebener Fahrzeuge dienen. Elektrisch betriebene Fahrzeuge sind insbesondere Fahrzeuge gemäß § 2 Nummer 1 des **Elektromobilitätsgesetzes** (EmoG). Erfasst sind daneben aber etwa auch elektrisch betriebene Zweiräder und spezielle Elektromobile für Gehbehinderte, die nicht in den Anwendungsbereich des EmoG fallen. Dem Laden dieser Fahrzeuge dienen alle baulichen Veränderungen, die es dem Mieter ermöglichen, Strom in Fahrzeuge einzuspeisen beziehungsweise

> aus diesen auszuspeisen. Erfasst wird damit vor allem die Installation einer Lademöglichkeit, etwa in Form der Verlegung erforderlicher Stromleitungen und des Einbaus eines Ladepunktes, zum Beispiel einer sogenannten Wallbox. Mit umfasst sind außerdem die zur Umsetzung von Vorgaben des Messstellenbetriebsgesetzes oder zur Teilnahme an einem Flexibilitätsmechanismus nach § 14a des Energiewirtschaftsgesetzes erforderlichen Maßnahmen; hier-

---

295 BT-Drs. 19/187191, 85.
296 BT-Drs. 19/187191, 85.
297 BT-Drs. 19/187191, 85.
298 BT-Drs. 19/187191, 85.

zu gelten die Ausführungen zu § 20 Absatz 2 Satz 1 Nummer 2 WEG entsprechend. Inhaltlich erstreckt sich der Anspruch des Mieters nicht nur auf die Ersteinrichtung einer solchen Ladeinfrastruktur, sondern auch auf Maßnahmen, die der Verbesserung oder Erhaltung einer bereits vorhandenen Lademöglichkeit dienen."

13 Allerdings darf nicht verkannt werden, dass das Recht des Mieters nur soweit reicht wie sein Recht zum vertraglichen Gebrauch bzw. Mitgebrauch. Keine Zustimmung beanspruchen kann er daher im Hinblick auf Flächen und Bauteile, die außerhalb dieses Bereiches liegen. Das gilt natürlich auch für die in der Gesetzesbegründung ausdrücklich angesprochene **Wallbox**.

14 Gesehen hat der Gesetzgeber, dass ein Anspruch des Mieters auf Zustimmung vor allem in diesem Kontext unvollkommen wäre, weil die Planung einer solchen baulichen Maßnahme eben auch von Informationen über die vorhandenen baulichen Gegebenheiten abhängt. Nach seiner Vorstellung wird der Anspruch auf Zustimmung deswegen durch einen ebenfalls gegen den Vermieter gerichteten **Anspruch auf Information** (§ 241 Abs. 2 BGB) flankiert. Das gilt für alle tatbestandlichen Varianten. Denkbare Nebenpflichten sind insoweit die Erteilung von Informationen, die der Mieter zur Planung der Baumaßnahme benötigt, wie zum Beispiel bei der Elektromobilität über die vorhandene Stromversorgung oder über den Verlauf von Kabeln.[299]

15 Was der Gesetzgeber hingegen wohl nicht gesehen hat, ist die besondere Problematik, die sich beim Wohnungseigentum in diesem Zusammenhang ergibt: Hier kann es für den einzelnen Wohnungs- oder Teileigentümer durchaus schwierig sein, Auskünfte zu erteilen. Denn viele Eigentümer verfügen schlicht nicht über derartige Erkenntnisse. Das bedeutet aber nicht, dass sie sich ohne Weiteres auf die in § 275 BGB geregelten Tatbestände berufen könnten. Der in Anspruch genommene Vermieter muss zunächst versuchen, die verlangten Informationen von seiner Gemeinschaft zu erlangen; Ansprechpartner ist insoweit der Verwalter. Auch dem vermietenden Eigentümer ist nämlich insoweit ein Anspruch zuzubilligen. Erst wenn er alle ihm zur Verfügung stehenden Erkenntnismöglichkeiten vergeblich ausgeschöpft hat, kommt ein Anspruchsausschluss oder Leistungsverweigerungsrecht gegenüber dem Mieter in Betracht.

(4) Einbruchsschutz

16 Die dritte Variante betrifft bauliche Veränderungen, die dem Einbruchsschutz dienen. Gemeint sind damit solche Veränderungen, die geeignet sind, den widerrechtlichen Zutritt zur Wohnung des Mieters zu verhindern, zu erschweren oder jedenfalls unwahrscheinlicher zu machen.[300] Auch hier erstreckt sich der An-

---

[299] BT-Drs. 19/18791, 86.
[300] BT-Drs. 19/18791, 85.

spruch des Mieters auf die Mietsache und auf Bereiche, die seinem Mitgebrauch unterliegen. Die Gesetzesbegründung benennt zu letzterem Aspekt beispielhaft ein einbruchshemmendes Schließsystem für die Hauseingangstür.[301]

(5) Weitere Aspekte

Wenn der Mieter ein berechtigtes Interesse an einer **schriftlich** erteilten Erlaubnis des Vermieters hat, kann sich ein Anspruch hierauf aus § 241 Absatz 2 BGB ergeben.[302]

17

In jedem Fall ist zu beachten, dass der Anspruch des Mieters auf eine Gestattung durch den Vermieter gerichtet ist. Ohne diese Gestattung durchgeführte Veränderungen sind **vertragswidrig**, auch wenn es sich um Veränderungen im Sinne des § 554 Abs. 1 S. 1 BGB handelt. Deshalb ist es angeraten, zunächst diesen Anspruch geltend zu machen und durchzusetzen; erst danach sollte die Durchführung der Umbauarbeiten, die der Mieter auf eigene Kosten auszuführen hat, in Erwägung gezogen werden.

18

Nach **Vertragsende** ist der Mieter nach allgemeinen Grundsätzen zum Rückbau der baulichen Veränderung verpflichtet.[303] Die neue gesetzliche Konzeption gibt ihm keinen Anspruch darauf, die Änderungen zu belassen. Allerdings sind treuwidrige Rückbauverlangen des Vermieters denkbar, die alsdann an § 242 BGB scheitern sollen.[304] Dies dürfte indes die Ausnahme sein. Ausdrücklich benannt sind in der Gesetzesbegründung elektrische Leitungen, die auch über das konkrete Mietverhältnis hinaus noch Verwendung finden können. Das mag zutreffen aber darf nicht verallgemeinert werden. Eine spätere Verwendungsmöglichkeit führt nicht automatisch dazu, dass der Mieter die Veränderung belassen kann.

19

c) Anspruchsausschluss (§ 554 Abs. 1 S. 2 BGB)

Der Anspruch des Mieters auf Gestattung ist ausgeschlossen, wenn die bauliche Veränderung dem Vermieter auch unter Würdigung der Interessen des Mieters **nicht zugemutet** werden kann (§ 554 Abs. 1 S. 2 BGB). In diesem Zusammenhang hat der Gesetzgeber ausgeführt:[305]

20

> „§ 554 Absatz 1 Satz 2 verlangt eine Abwägung der nachteiligen Folgen der baulichen Veränderung für den Vermieter mit dem Interesse des Mieters an der Ausführung der Baumaßnahme. Jede Partei trifft die Darlegungs- und Beweislast für die Umstände, die zu ihren Gunsten bei der Interessenabwägung zu berücksichtigen sind. Da der Vermieter stets sein Interesse entgegenhalten kann, dass die Mietsache baulich nicht verändert wird, ist in jedem Fall eine Interessenabwägung vorzunehmen. Der Vermieter kann im Streitfall den

---

[301] BT-Drs. 19/18791, 86.
[302] BT-Drs. 19/18791, 86.
[303] BT-Drs. 19/18791, 85.
[304] Vgl. OLG Frankfurt 19.12.1991 – 6 U 108/90, NJW-RR 1992, 396; BT-Drs. 19/18791, 85.
[305] BT-Drs. 19/18791, 86.

Mieter also dazu zwingen, sein Interesse an der baulichen Veränderung offenzulegen. Aus diesem Grund verzichtet der Entwurf darauf, bereits die Entstehung des Anspruchs von einem berechtigten Interesse des Mieters abhängig zu machen."

21 Die Antwort auf die Frage, ob der Anspruch des Mieters ausgeschlossen ist, wird demnach stets im Wege einer **Abwägung** gefunden. Naturgemäß resultieren daraus gewisse Unsicherheiten, was die Ergebnisprognose angeht. An dieser Stelle wird das WEMoG wahrscheinlich nicht zu weniger Streit führen. Es ist Aufgabe des Abwägungsprozesses, das Gewicht des Veränderungsinteresses mit dem Gewicht der gegenläufigen Interessen des Vermieters zu vergleichen; hierbei ist es nicht ausgeschlossen, bei der Bewertung des Veränderungsinteresses nach den verschiedenen Varianten in § 554 Abs. 1 S. 1 BGB zu differenzieren.[306]

22 Folgende Aspekte können den Abwägungsprozess beeinflussen: Auf Seiten des Vermieters ist zunächst sein **Konservierungsinteresse** zu berücksichtigen. Dieses besteht darin, dass nicht durch eine bauliche Veränderung in die Substanz der Mietsache eingegriffen wird. Dieses Interesse ist typischerweise umso gewichtiger, je umfangreicher der beabsichtigte Eingriff ist.[307] Zu berücksichtigen ist auch, ob durch die bauliche Veränderung ein gefahrträchtiger Zustand oder eine baurechtswidrige Situation geschaffen würde, ferner Auswirkungen auf Rechtsbeziehungen zu Dritten wie anderen Mietern oder Grundstücksnachbarn. Ein etwaiges Rückbaurisiko spielt ebenfalls mit in die Abwägung hinein. Es kann allerdings an Gewicht verlieren oder sogar völlig unbeachtlich werden, wenn der Mieter von der Möglichkeit Gebrauch macht, eine zusätzliche Sicherheit zu leisten (§ 554 Abs. 1 S. 3 BGB).

23 Bei einer vermieteten Eigentumswohnung ist eine bauliche Veränderung, sei es durch den Mieter oder den vermietenden Wohnungseigentümer, nach § 20 WEG erst nach einer entsprechenden **Beschlussfassung** der Wohnungseigentümer zulässig; dies ist bei der Interessenabwägung zu berücksichtigen.[308]

24 Auf Seiten des Mieters ist sein Interesse an der Ausführung der baulichen Veränderung zu berücksichtigen. Aus § 554 Abs. 1 S. 1 folgt insoweit, dass das Veränderungsinteresse des Mieters aus gesamtgesellschaftlichen Gründen im Ausgangspunkt stets beachtenswert ist.[309]

25 Weitergehend ist in der Gesetzesbegründung ausgeführt:

„Das Veränderungsinteresse des Mieters ist von seiner individuellen Situation und dem Ausstattungszustand der Mietsache abhängig. Verfügt der Mieter etwa bereits über eine Lademöglichkeit, so fällt zwar der Einbau einer neuen,

---

306 BT-Drs. 19/18791, 87.
307 BT-Drs. 19/18791, 86.
308 BT-Drs. 19/18791, 87.
309 BT-Drs. 19/18791, 86 f.

technisch besseren Lademöglichkeit unter § 554 Absatz 1 Satz 1. Das Veränderungsinteresse des Mieters ist in dieser Situation aber deutlich geringer als in Fällen, in denen noch überhaupt keine Lademöglichkeit besteht. Aus diesem Grund kann der Vermieter auch auf das Veränderungsinteresse des Mieters einwirken. Dieses entfällt, wenn der Vermieter oder – bei einer vermieteten Eigentumswohnung – die Gemeinschaft der Wohnungseigentümer die vom Mieter begehrte bauliche Veränderung ausführt. Ist die Baumaßnahme des Vermieters noch nicht abgeschlossen, besteht das Veränderungsinteresse des Mieters zwar fort. Hat der Vermieter aber die Ausführung der baulichen Veränderung innerhalb einer dem Mieter zumutbaren Frist zugesagt und bestehen keine berechtigten Zweifel, dass der Vermieter diese Zusage erfüllen wird, wird sich das Veränderungsinteresse des Mieters gegenüber dem Konservierungsinteresse des Vermieters regelmäßig nicht durchsetzen können. Auf diese Weise wird dem berechtigten Interesse des Vermieters Rechnung getragen, bauliche Veränderungen an der Mietsache selbst durchzuführen. In diesem Fall hat der Vermieter hinsichtlich der Kosten der baulichen Veränderung die Möglichkeit, nach § 555 f Nummer 3 mit dem Mieter eine passgenaue Kostenübernahme zu vereinbaren. Anderenfalls kann der Vermieter regelmäßig wegen der baulichen Veränderung nach § 559 die Miete erhöhen. Bei einer vom Mieter begehrten baulichen Veränderung gemäß § 554 Absatz 1 Satz 1 handelt es sich nämlich in der Regel um eine Modernisierungsmaßnahme im Sinne des § 555 b Nummer 4. Ein verbesserter Einbruchschutz, ein besserer Gebrauch der Mietsache durch Menschen mit Behinderungen oder eine Lademöglichkeit für elektrisch betriebene Fahrzeuge führen – auch nach der aktuellen Verkehrsanschauung – regelmäßig zu einer nachhaltigen Steigerung des Gebrauchswerts der Mietsache. Führt der Vermieter Maßnahmen durch, um mehreren Mietern die Installation von Lademöglichkeiten für Elektrofahrzeuge zu ermöglichen, etwa die Installation eines Lastmanagementsystems oder die Erweiterung des Netzanschlusses zur Vermeidung von Lastspitzen, richtet sich die Kostenverteilung nach § 559 Absatz 3."

Es ist zu erwarten, dass dieser Abwägungsprozess zu einem der Knackpunkte der Reform insoweit werden wird. Ganz sicher darf mit einer umfangreichen Kasuistik gerechnet werden, die sich herausbilden wird. Die Ergebnisprognose wird nicht selten Schwierigkeiten bereiten. 26

d) Zusatzkaution (§ 554 Abs. 1 S. 3 BGB)

Die Vorschrift sieht vor, dass die Parteien im Zusammenhang mit einer baulichen Veränderung vereinbaren können, dass der Mieter eine besondere Sicherheit leistet. Damit soll insbesondere sichergestellt werden, dass die Parteien auf das 27

Rückbaurisiko des Vermieters durch die Verpflichtung des Mieters reagieren können, den Vermieter durch eine Zusatzkaution abzusichern.[310]

e) Halbzwingender Charakter (§ 554 Abs. 2 BGB)

28 Unwirksam sind Vereinbarungen, die zulasten des Mieters von den Regelungen des § 554 Abs. 1 BGB abweichen. Dazu zählen insbesondere solche, die den Anspruch des Mieters ausschließen oder beschränken

f) § 554 a BGB aF entfallen

29 § 554 a BGB aF ist durch die Reform entfallen.

2. Umlage von Betriebskosten (§ 556 a Abs. 3 BGB)

30 § 556 a Abs. 3 BGB regelt, dass bei der **Vermietung** einer Eigentumswohnung die Betriebskosten nach dem Maßstab auf den Mieter umzulegen sind, der zwischen den Wohnungseigentümern für die Verteilung der Betriebskosten der Gemeinschaft der Wohnungseigentümer gilt. Der maßgebliche wohnungseigentumsrechtliche Verteilerschlüssel ergibt sich aus dem in der Gemeinschaft geltenden Regelwerk, also entweder einer Vereinbarung der Wohnungseigentümer, einem wirksamen Beschluss der Wohnungseigentümer oder aus dem Gesetz.[311]

31 Zum Schutz des Mieters vor einer **unverhältnismäßigen** Kostenbelastung enthält § 556 a Abs. 3 S. 2 BGB eine Ausnahme von dem Grundsatz des Satzes 1. Danach gelten die in Absatz 1 bestimmten Umlagemaßstäbe, wenn die Umlage nach dem zwischen den Wohnungseigentümern geltenden Maßstab billigem Ermessen widerspricht.

32 Die Norm ist wiederum **halbzwingend** (§ 556 a Abs. 4 BGB).

3. Entsprechende Anwendbarkeit (§ 578 BGB)

33 § 554 BGB gilt kraft gesetzlicher Anordnung entsprechend für Mietverhältnisse über Grundstücke (§ 578 Abs. 1 BGB) und für Mietverhältnisse über Räume, die keine Wohnräume sind (§ 578 Abs. 2 BGB).

34 § 556 a Abs. 3 BGB hingegen gilt in beiden Fällen nicht.

II. Justizaktenaufbewahrungsgesetz

35 Das Justizaktenaufbewahrungsgesetz (JAktAG) regelt die Aufbewahrung von Akten der Gerichte und Staatsanwaltschaften nach Beendigung des Verfahrens. § 2 Absatz 1 Satz 1 JAktAG sieht den Erlass einer Rechtsverordnung der Bundesregierung vor, die das Nähere über die Aufbewahrung und Speicherung und die hierbei zu beachtenden allgemeinen Aufbewahrungs- und Speicherungs-

---

[310] BT-Drs. 19/18791, 88.
[311] BT-Drs. 19/18791, 88; näher dazu *Drasdo* WuM 2020, 686.

fristen regelt. In Vorbereitung dieser Verordnung bedurfte es einer Anpassung des JAktAG.³¹²

III. Gerichtsverfassungsgesetz (GVG)

Die Verweise in den §§ 23 und 72 des Gerichtsverfassungsgesetzes wurden an den geänderten § 43 WEG angepasst.³¹³

IV. Gesetz über die Zwangsversteigerung und die Zwangsverwaltung (ZVG)

Die Verweise in § 10 Abs. 1 Nr. 2 S. 1 ZVG und § 156 Abs. 1 S. 2 ZVG wurden an die geänderten Vorschriften des WEG angepasst.

Weil § 18 Abs. 2 Nr. 2 WEG aufgehoben wurde, musste auch § 10 Abs. 3 S. 1 ZVG aufgehoben werden.³¹⁴ Die Vollstreckung mit dem Range nach § 10 Abs. 1 Nr. 2 ZVG ist ohne betragsmäßige Beschränkung möglich.

In § 45 Abs. 3 S. 1 WEG wurde die Bezugnahme auf die Wohnungseigentümer gestrichen.

V. Grundbuchverfügung

Die Geltungsdauer von § 113 Abs. 1 Nr. 6 Grundbuchverfügung wurde fortgeschrieben.

VI. Wohnungsgrundbuchverfügung

Es handelt sich um Folgeänderungen zur Änderung von § 3 Abs. 2 und § 7 Abs. 3 WEG.

VII. Gerichtskostengesetz

Der Gesetzgeber hat kein Bedürfnis mehr gesehen, den Streitwert in Wohnungseigentumssachen abweichend von den allgemeinen Vorschriften zu bestimmen. § 49a GKG wurde deshalb aufgehoben. Auch für Wohnungseigentumssachen gelten nunmehr über § 48 Abs. 1 S. 1 GKG die Wertvorschriften der ZPO.³¹⁵

Eine kostenrechtliche Besonderheit besteht nur noch für **Beschlussklagen**, die in § 44 WEG geregelt sind. § 49 S. 1 GKG bestimmt, dass der Streitwert grundsätzlich auf das Interesse aller Wohnungseigentümer an der Entscheidung festzusetzen ist. § 49 S. 2 GKG sieht jedoch eine Wertobergrenze vor, die den Kläger vor einer ausufernden Kostenbelastung schützen soll.³¹⁶

---

312 BT-Drs. 19/18791, 89.
313 BT-Drs. 19/18791, 89.
314 BT-Drs. 19/18791, 89.
315 BT-Drs. 19/18791, 90.
316 BT-Drs. 19/18791, 90.

VIII. Weitere Änderungen im Überblick

44 Weiterhin haben sich noch folgende Änderungen ergeben:
- Änderung des Gesetzes über Gerichtskosten in Familiensachen[317]
- Änderung des Gerichts- und Notarkostengesetzes
- Begrenzung der Kosten bei Aufhebung einer Veräußerungsbeschränkung[318]
- Änderung des Gerichtsvollzieherkostengesetzes
- Änderung des Grunderwerbsteuergesetzes, des Gewerbesteuergesetzes, der Verordnung über Formblätter für die Gliederung des Jahresabschlusses von Wohnungsunternehmen und des Schornsteinfeger-Handwerksgesetzes
- Anpassung der Verweise auf Vorschriften des geänderten WEG

---

317 BT-Drs. 19/18791, 91.
318 BT-Drs. 19/18791, 91.

§ 5 Ausblick

Ohne jeden Zweifel ist die Novelle durch das WEMoG die bislang tiefgreifendste Veränderung des Wohnungseigentumsgesetzes. Sie übertrifft noch die Novelle aus dem Jahr 2007, die schon zuvor nicht unerhebliche Veränderungen bewirkt hatte. Wohnungseigentümer, Verwalter, anwaltliche Berater aber auch Notare und die Gerichte werden sich an die vielfältigen Neuerungen erst gewöhnen müssen. Zu nennen sind insoweit insbesondere die Begründung von Sondereigentum an Freiflächen und Stellplätzen, die Eintragung von Beschlüssen im Grundbuch sowie die weitere Verselbständigung der Gemeinschaft mit all ihren Folgen. Dass die fristgebundene Anfechtungsklage nunmehr gegen die Gemeinschaft erhoben werden muss, wird sich wahrscheinlich erst im Laufe der kommenden Jahre überall herumsprechen.

Die Erwartungshaltungen, die im Zuge der relativ kurzen, aber intensiven Diskussion seit Anfang 2020 entstanden sind, dürften immens sein. Das Gesetz wird sie nicht überall erfüllen können. Vor allem für die anwaltlichen Berater stellt sich die Aufgabe, mit den neuen Regelungen umzugehen und zielsicher zu beraten. Das wird jedenfalls in Teilbereichen schwierig werden. Vor allem unbestimmte Rechtsbegriffe und gesetzlich vorgesehene Abwägungsprozesse sind insoweit zu nennen.

Unter dem Strich werden die Änderungen durch das WEMoG und ihre Folgen sicher jedenfalls in den kommenden fünf Jahren die wohnungseigentumsrechtliche Diskussion beherrschen.

In diesem Zeitraum wird sich auch zeigen, ob der Gesetzgeber die Ziele, die er sich selbst gesetzt hatte, mit dem WEMoG erreicht. Unabhängig davon bleibt das Wohnungseigentum eine feste und etablierte Größe im deutschen Recht und namentlich im Immobilienrecht. Wenn jüngst gesagt wurde, dass man das WEG ganz überwiegend neu zu *lernen* habe,[319] so erscheint dies nach hier gebildeter Überzeugung ergänzungswürdig. Man wird das Ineinandergreifen von alten, bewährten Regeln und neuen Regelungsmechanismen erst einmal *verstehen lernen* müssen. Und das – diese Prognose sei abschließend gewagt – stellt alle Betroffenen wegen der Komplexität der Veränderungen vor Herausforderungen, insbesondere die Praxis.

---

319 *Zschieschack* NZM 2020, 919; *Drasdo* NJW-Spezial 2020, 737.

Stichwortverzeichnis

Fette Zahlen bezeichnen die Paragrafen, magere die Randnummern.

Abwägung **4** 20
Actio pro societate **3** 153
Actio pro socio **3** 154
AGB-Recht **3** 122
Akzessorisches Eigentum **3** 267
Altvereinbarungen **3** 292
Altverträge **3** 289 ff.
Amortisierung **3** 56
Anbau **3** 281
Anfechtungsklage **3** 328
Angemessener Ausgleich **3** 246
Anspruch auf Mitwirkung **3** 204
Aufhebungsbeschluss **3** 120
Aufopferungsanspruch **3** 228
Ausblick **5** 1
Auslegung einer Gemeinschaftsordnung **3** 296
Auslegung von Altverträgen **3** 289 ff.
Außenhaftung **3** 181
Ausübungsbefugnis
– geborene **3** 183, 188
– gekorene **3** 183, 188
Auswirkungen, Betroffene **2** 4

Barrierereduzierung **4** 4
Bauliche Veränderungen **3** 4 ff.
– abweichende Kostenverteilung **3** 61
– angemessener Ausgleich **3** 59
– Angemessenheit **3** 34
– Duldungspflicht Dritter **3** 63
– Einverständnis **3** 37
– gemeinschaftliches Eigentum **3** 12 ff.
– Kostenbelastung **3** 23
– Legaldefinition **3** 12
– Nutzungen und Kosten **3** 50 ff.
– Nutzungsziehung **3** 58
– privilegierte Maßnahmen **3** 26
– Quorum **3** 14 f.
– Sondereigentum **3** 8, 42 ff.
– Umgestaltung, grundlegende **3** 16
– unbillige Benachteiligung **3** 16
– Veränderungssperre **3** 15
Bauliche Veränderungen und Mietrecht **4** 5 ff.
Bauträger **3** 198
Bauträgervertrag **3** 196
Beeinträchtigung **3** 242
Behinderung **3** 29, **4** 11
Beschluss
– Eintragungsfähigkeit **3** 88
– Jahresabrechnung **3** 343
– Wirtschaftsplan **3** 342
Beschlussfähigkeit **3** 78
Beschlusskompetenz **3** 80, 148, 174
Beschluss-Sammlung **3** 82 ff.
Beschlusswesen **3** 77 ff.
Beseitigungsanspruch **3** 194, 241
Bestimmtheitsgrundsatz **3** 294
Betriebskosten **4** 30
Beweisregel **3** 302
BGB
– Folgeänderungen **4** 2
– Harmonisierung WEG – BGB **4** 3
blue-pencil-Test **3** 307
Bruchteilsgemeinschaft **3** 110
Bund-Länder-Arbeitsgruppe **1** 4
Delegationsmöglichkeit **3** 346
Duldungspflicht **3** 227
– Mieter **3** 9

Eigentumsarten **3** 281
Einberufungsverlangen **3** 331
Einbruchsschutz **3** 31, **4** 16
Einheitstheorie **3** 110

129

Ein-Personen-Gemeinschaft 3 118
Einsichtsrecht 3 256
Eintragungsfähiger Beschluss 3 88
- Handlungsbedarf 3 92
Einwirkung 3 226, 243
- bauliche Veränderung 3 245
E-Mobilität 3 30, 4 4, 12 ff.
- Wallbox 4 13
Entschädigungsanspruch 3 230
Entwicklung und Entstehungsgeschichte 1 1 ff.
Entziehung des Wohnungseigentums 3 94 ff.
- Generalklausel 3 97
- Wegfall einer Störung 3 103
Erhaltungsmaßnahmen 3 225
Erhaltungsrücklage 3 345
Ermessen 3 28

Freifläche 3 261, 268 ff.

Gärten 3 263
Gebrauch
- durch Menschen mit Behinderungen 4 11
Geltungserhaltende Reduktion 3 309
Gemeinschaft der Wohnungseigentümer 3 108 ff.
- Beendigung 3 247 ff.
- Entstehung 3 114 ff.
- Gemeinschaftsvermögen 3 178 ff.
- Geschäftsführung 3 157
- Rechts- und Prozessfähigkeit 3 124 ff.
- Rechtsbeziehungen 3 201
- Versammlung 3 171 ff.
- Vertretung 3 132 ff.
Gemeinschaftsbezogenheit 3 185
Gemeinschaftsordnung
- Anpassungsbedarf 3 287
- Auslegung 3 296
Gemeinschaftsvermögen 3 178
Gerichtskostengesetz 4 42

Gerichtsverfassungsgesetz 4 36
Geschäftsführungsbefugnisse 3 161
Gesetzesabweichende Vereinbarungen 3 299
Gesetzeserläuternde Vereinbarungen 3 298
Gesetzeswiederholende Vereinbarungen 3 296
Grundbuchverfügung 4 40

Haftung des Verwalters 3 165
Hauptsache
- Freifläche 3 268 ff.
Hausgeldbeitreibung 3 98
Hausgeldverzug 3 99
Herstellung, erstmalige ordnungsgemäße 3 197

Individualansprüche 3 25
Informationsanspruch 3 252
Informationsrechte 3 251 ff.
Inkrafttreten des WEMoG 1 7
Insichgeschäft 3 145
Insolvenz 3 180

Jahresabrechnung 3 340 ff.
Justizaktenaufbewahrungsgesetz 4 35

Klagearten 3 327
Klagegegner Anfechtungsklage 3 328
Klimaschutz 3 11
Kompetenzüberschreitung 3 165
Konservierungsinteresse 4 22
Konstruktive Teile 3 277
Kosten 3 320 ff.

Laden elektrisch betriebener Fahrzeuge 3 30, 4 12 ff.

Maßnahmen, konkrete 2 3
Mehrfachvertretung 3 145
Mieter, Duldungspflicht 3 64
Mieterschutz
- bauliche Veränderung 3 71

Stichwortverzeichnis

Mietrecht 4 1 ff.
Mietvertragsende
- Rückbau 4 19
Missbrauch der Vertretungsmacht 3 136
Motive der Novelle 2 2

Nachteil 3 242
Notkompetenz 3 166
Notmaßnahme 3 237

Öffnungsklausel 3 89
Online-Versammlung 3 332
- Beschlussfassung 3 333
Ordnungsgemäße Benutzung 3 218
- Anspruch auf 3 234 ff.
Ordnungsgemäße Verwaltung 3 158, 175
- Anspruch auf 3 232 f.

Personenbezogene Daten 3 256
Pflichten Dritter 3 63
Pflichtverletzung eines Organs 3 208
Präsenzversammlung 3 332
Privatautonomie 3 303
Privilegierte bauliche Veränderungen 4 5

Quorum 3 331 ff.

Raumeigenschaft Stellplätze 3 283 ff.
Rechtsbeziehungen der Wohnungseigentümer 3 239 ff.
Rechtskrafterstreckung 3 329
Rechtsverfolgung 3 192
Referentenentwurf 1 5
Regelungsregime, eigenes 3 305
Regierungsentwurf 1 6
Registerpublizität 3 134
Regressprozess 3 209
Rückbau 4 19
Rückbaurisiko 4 27
Rücklage 3 345

Sachenrecht 3 258
- Überblick Änderungen 3 257 ff.
Schadensersatzanspruch der Gemeinschaft 3 205
Schließung Wohnungsgrundbücher 3 248
Schwerpunkte der Novelle 2 1
Sondereigentum
- Freiflächen 3 261
- Legaldefinition 3 259
- Sondereigentumsfähigkeit 3 262
- Stellplätze 3 283 ff.
Sozialansprüche 3 203
Sozialverbindlichkeiten 3 203
Stellplätze 3 283 ff.
- als Räume 3 259
Störer 3 219
Störung 3 215

Telekommunikationsnetz 3 32
Terrassen 3 263

Übergangsfrist 3 312 ff.
Übergangsregeln 3 287 ff., 310
- Altverträge 3 289 ff.
- Einzelfallprüfung 3 308
- materielles Recht 3 319 f.
Überleitung 3 92
Umlage von Betriebskosten 4 30
Umlageschlüssel 3 320 ff.
Umlaufbeschluss 3 93
Unterlassungsanspruch 3 194, 241
Urteil
- Wirkung 3 329

Veräußerungsbeschränkung 3 347 ff.
Verband sui generis 3 111
Verbrauchereigenschaft 3 122
Verdinglichung 3 294
Vereinbarung 3 324
Vereinbarungsvorbehalt 3 174

Vereinigung Miteigentums-
anteile 3 249
Verfahren 3 325 ff.
- Klagearten 3 327
- Zuständigkeit 3 326
Vergemeinschaftung 3 186
Verletzung organschaftlicher Pflich-
ten 3 150
Vermögensbericht 3 252
- Inhalt 3 253
Vermutung 3 302
Versammlung 3 330 ff.
Versorgungsleitungen 3 278
Versorgungsverträge 3 121
Verwalter 3 334 ff.
- Vertretungsmacht 3 334
- zertifizierter Verwalter 3 335
Verwalterabberufung 3 335
Verwaltervertrag
- Schutzwirkung zugunsten der Woh-
nungseigentümer 3 150
Verwaltung des gemeinschaftlichen Ei-
gentums 3 109
Verwaltungsbeirat 3 336 ff.
- Beschluss 3 338
- Haftung 3 339
- Mitglieder 3 338

- Unentgeltlichkeit 3 339
Verwaltungsunterlagen
- Einsicht 3 256
Wallbox 4 13
Weisungsbefugnis 3 169
WEMoG
- Folgen 1 8
- Kernanliegen 3 2
- Maßnahmenpaket 2 3
- Schwerpunkte 3 1
Werdende Gemeinschaft 3 350 ff.
Werdende Wohnungseigentümer
3 350 ff.
Wiederaufbau 3 353
Wiedereröffnung der Verhand-
lung 3 106
Wirtschaftsplan 3 340 ff.
Wohnungsgrundbuchverfügung 4 41
Zertifizierter Verwalter 3 317
Zivilprozess 3 325
Zumutbarkeit 4 20
Zusatzkaution 4 27
ZVG 4 37
Zwangsvollstreckung 3 102
Zweitversammlung 3 78